Bilingual

VISUAL

dictionary

D1340668

Penguin Random House

DK LONDON
Senior Editors Angeles Gavira, Angela Wilkes
Senior Art Editor Ina Stradins
Jacket Editor Claire Gell
Jacket Design Development Manager Sophia MTT
Preproduction Producer Andy Hilliard
Producer Alex Bell
Picture Researcher Anna Grapes
Project Manager Christine Stroyan
Art Director Karen Self
Publisher Liz Wheeler
Publishing Director Jonathan Metcalf

DK INDIA
Editor Arpita Dasgupta
Assistant Editor Priyanjali Narain
Art Editor Yashashvi Choudhary
DTP Designers Anita Yadav, Jaypal Chauhan Singh
Jacket Designer Tanya Mehrotra
Jackets Editorial Coordinator Priyanka Sharma
Preproduction Manager Balwant Singh
Production Manager Pankaj Sharma

Designed for DK by WaltonCreative.com
Art Editor Colin Walton, assisted by Tracy Musson
Designers Peter Radcliffe, Earl Neish, Ann Cannings
Picture Research Marissa Keating

Language content for DK by g-and-w PUBLISHING
Managed by Jane Wightwick, assisted by Ana Bremón
Translation and editing by Christine Arthur
Additional input by Dr Arturo Pretel, Martin Prill,
Frédéric Monteil, Meinrad Prill, Mari Bremón,
Oscar Bremón, Anunchi Bremón, Leila Gaafar

First published in Great Britain in 2005
This revised edition published in 2018 by
Dorling Kindersley Limited,
80 Strand, London WC2R 0RL

Copyright © 2005, 2015, 2018 Dorling Kindersley Limited
A Penguin Random House Company

Content first published as
5 Language Visual Dictionary in 2003

2 4 6 8 10 9 7 5 3 1
001 – 308065 – Feb/18

All rights reserved.
No part of this publication may be reproduced, stored in
or introduced into a retrieval system, or transmitted,
in any form, or by any means (electronic, mechanical,
photocopying, recording, or otherwise), without the prior
written permission of the copyright owner.

A CIP catalogue record for this
book is available from the British Library.

ISBN: 978-0-2413-1757-0

Printed and bound in China

A WORLD OF IDEAS:
SEE ALL THERE IS TO KNOW

www.dk.com

índice
contents

42
a saúde
health

146
comer fora
eating out

252
o lazer
leisure

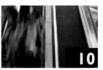

sobre o dicionário

Está comprovado que a utilização de imagens ajuda na compreensão e retenção da informação. Baseado neste princípio, este dicionário bilíngue altamente ilustrado apresenta uma ampla gama de vocabulário útil e actual em duas línguas europeias.

O dicionário está dividido por temas e cobre a maior parte dos aspectos do mundo quotidiano em pormenor, desde o restaurante ao ginásio, da casa ao local de trabalho e desde o espaço ao reino animal. Encontrará também palavras e frases adicionais para utilizar na conversação e para alargar o seu vocabulário.

Este dicionário é um instrumento de referência essencial para todos os que se interessam pelas línguas – é prático, estimulante e fácil de utilizar.

Alguns pontos a observar

As duas línguas são sempre apresentadas na mesma ordem: português e inglês.

Em português, os substantivos mostram-se sempre com os seus artigos definidos a reflectir o género (masculino ou feminino) e o número (singular ou plural), por exemplo:

a semente   **as amêndoas**
seed   almonds

Os verbos são indicados por um (v) depois do inglês, por exemplo:

colher = harvest (v)

Cada língua tem o seu próprio índice no final do livro. Aí poderá consultar uma palavra em qualquer das duas línguas e ser encaminhado para a(s) página(s) onde a mesma aparece. O género dos substantivos é indicado com as seguintes abreviaturas:

m = masculino
f = feminino

como utilizar este livro

Quer esteja a aprender uma língua nova por motivos de trabalho, prazer ou para se preparar para umas férias no estrangeiro, ou queira aumentar o seu vocabulário numa língua que já conhece, este dicionário é um instrumento de aprendizagem valioso que poderá utilizar de várias maneiras diferentes.

Ao aprender uma nova língua, procure as palavras similares em línguas diferentes e as palavras que parecem similares mas que têm significados totalmente distintos. Poderá também observar como as línguas se influenciaram entre si. Por exemplo, a língua inglesa importou muitos termos de comida de outras línguas europeias, mas, em troca, exportou termos empregados na tecnologia e cultura popular.

Actividades práticas de aprendizagem

• Enquanto anda pela sua casa, local de trabalho ou escola, tente procurar as páginas que se referem a esse local. Poderá então fechar o livro, olhar em seu redor e ver de quantos objectos ou características consegue lembrar-se.

• Lance a si mesmo o desafio de escrever uma história, uma carta ou um diálogo empregando tantos termos de uma determinada página quantos conseguir. Isto ajudá-lo-á a reter o vocabulário e a lembrar-se da ortografia. Se quiser progredir para uma composição mais longa, comece com frases que incorporem 2 ou 3 palavras.

• Se tiver uma boa memória visual, tente desenhar ou decalcar objectos do livro num papel; a seguir feche o livro e escreva as palavras correspondentes abaixo do desenho.

• Quando se sentir mais seguro, escolha palavras do índice na língua estrangeira e veja se sabe o que significam antes de consultar a página correspondente para comprovar se tinha razão.

aplicação de áudio grátis

A aplicação de áudio inclui todas as frases e palavras presentes no livro lidas em português e em inglês por narradores nativos da língua de aprendizagem, sendo assim mais fácil de aprender o vocabulário e melhorar a sua pronúncia.

como usar a aplicação

• Para encontrar esta aplicação grátis, basta pequisar por "Bilingual Visual Dictionary" na loja de aplicações de sua preferência.

• Abra a aplicação e escaneie o código de barras (ou introduza o código ISBN) para desbloquear o seu Dicionário Visual Bilíngue na biblioteca da aplicação.

• Descarregue os ficheiros de áudio do seu livro.

• Introduza o número de página e percorra a lista de cima a baixo para encontrar palavras ou frases. As palavras podem ser organizadas alfabeticamente em português ou em inglês.

• Toque numa palavra para a ouvir.

• Deslize para a esquerda ou direita de maneira a navegar para a página anterior ou seguinte.

• Pode também adicionar palavras aos seus Favoritos.

português • english

about the dictionary

The use of pictures is proven to aid understanding and the retention of information. Working on this principle, this highly-illustrated bilingual dictionary presents a large range of useful current vocabulary in two European languages.

The dictionary is divided thematically and covers most aspects of the everyday world in detail, from the restaurant to the gym, the home to the workplace, and from outer space to the animal kingdom. You will also find additional words and phrases for conversational use and for extending your vocabulary.

This is an essential reference tool for anyone interested in languages – practical, stimulating, and easy-to-use.

A few things to note

The two languages are always presented in the same order – Portuguese and English.

In Portuguese, nouns are given with their definite articles reflecting the gender (masculine or feminine) and number (singular or plural), for example:

a semente	**as amêndoas**
seed	almonds

Verbs are indicated by a (v) after the English, for example:

colher = harvest (v)

Each language also has its own index at the back of the book. Here you can look up a word in either of the two languages and be referred to the page number(s) where it appears. The gender of nouns is shown using the following abbreviations:

m = masculine
f = feminine

how to use this book

Whether you are learning a new language for business, pleasure, or in preparation for a holiday abroad, or are hoping to extend your vocabulary in an already familiar language, this dictionary is a valuable learning tool which you can use in a number of different ways.

When learning a new language, look out for cognates (words that are alike in different languages) and false friends (words that look alike but carry significantly different meanings). You can also see where the languages have influenced each other. For example, English has imported many terms for food from other European languages but, in turn, exported terms used in technology and popular culture.

Practical learning activities

• As you move about your home, workplace, or college, try looking at the pages which cover that setting. You could then close the book, look around you and see how many of the objects and features you can name.

• Challenge yourself to write a story, letter, or dialogue using as many of the terms on a particular page as possible. This will help you retain the vocabulary and remember the spelling. If you want to build up to writing a longer text, start with sentences incorporating 2–3 words.

• If you have a very visual memory, try drawing or tracing items from the book onto a piece of paper, then close the book and fill in the words below the picture.

• Once you are more confident, pick out words in the foreign language index and see if you know what they mean before turning to the relevant page to check if you were right.

free audio app

The audio app contains all the words and phrases in the book, spoken by native speakers in both Portuguese and English, making it easier to learn important vocabulary and improve your pronunciation.

how to use the audio app

• Search for "Bilingual Visual Dictionary" and download the free app on your smartphone or tablet from your chosen app store.

• Open the app and scan the barcode (or enter the ISBN) to unlock your Visual Dictionary in the Library.

• Download the audio files for your book.

• Enter a page number, then scroll up and down through the list to find a word or phrase. Words can be ordered alphabetically in Portuguese or English.

• Tap a word to hear it.

• Swipe left or right to view the previous or next page.

• Add words to your Favourites.

as pessoas
people

o corpo • body

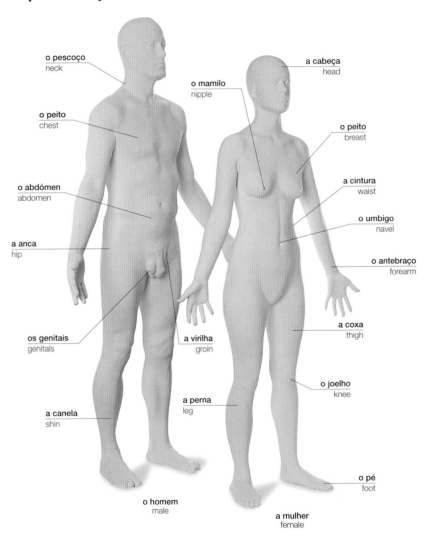

o pescoço
neck

o mamilo
nipple

a cabeça
head

o peito
chest

o peito
breast

a cintura
waist

o abdómen
abdomen

o umbigo
navel

a anca
hip

o antebraço
forearm

os genitais
genitals

a virilha
groin

a coxa
thigh

o joelho
knee

a canela
shin

a perna
leg

o pé
foot

o homem
male

a mulher
female

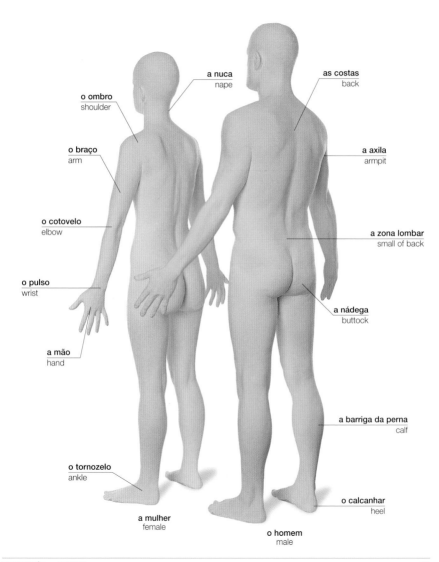

a nuca
nape

as costas
back

o ombro
shoulder

o braço
arm

a axila
armpit

o cotovelo
elbow

a zona lombar
small of back

o pulso
wrist

a nádega
buttock

a mão
hand

a barriga da perna
calf

o tornozelo
ankle

o calcanhar
heel

a mulher
female

o homem
male

a cara • face

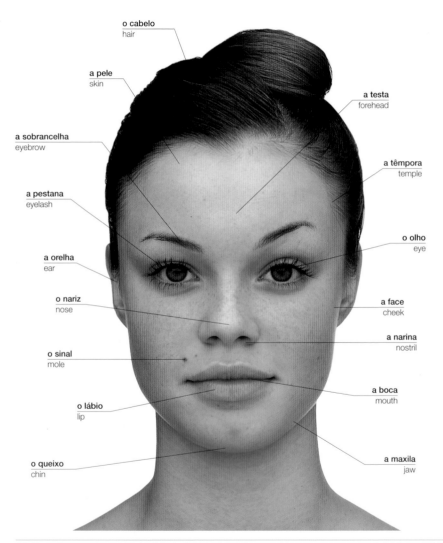

o cabelo
hair

a pele
skin

a testa
forehead

a sobrancelha
eyebrow

a têmpora
temple

a pestana
eyelash

o olho
eye

a orelha
ear

o nariz
nose

a face
cheek

a narina
nostril

o sinal
mole

a boca
mouth

o lábio
lip

o queixo
chin

a maxila
jaw

a ruga
wrinkle

a sarda
freckle

o poro
pore

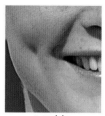
a covinha
dimple

a mão • hand

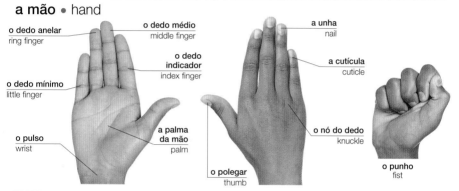

o dedo anelar
ring finger

o dedo médio
middle finger

a unha
nail

o dedo indicador
index finger

a cutícula
cuticle

o dedo mínimo
little finger

o pulso
wrist

a palma da mão
palm

o nó do dedo
knuckle

o polegar
thumb

o punho
fist

o pé • foot

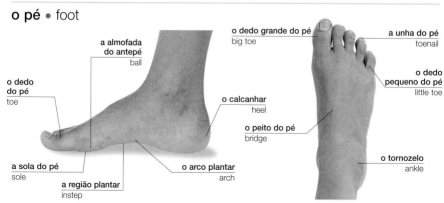

a almofada do antepé
ball

o dedo grande do pé
big toe

a unha do pé
toenail

o dedo do pé
toe

o dedo pequeno do pé
little toe

o calcanhar
heel

o peito do pé
bridge

a sola do pé
sole

o arco plantar
arch

o tornozelo
ankle

a região plantar
instep

os músculos • muscles

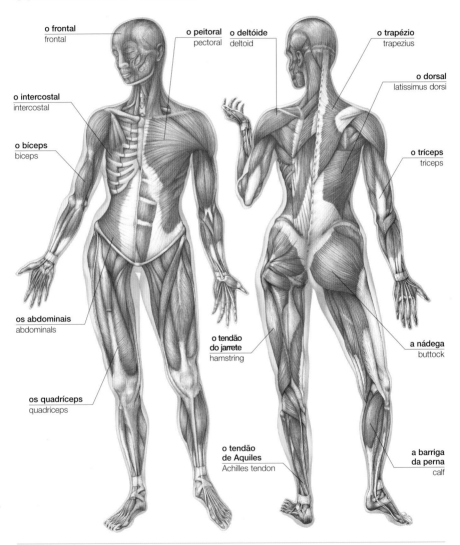

o frontal
frontal

o peitoral
pectoral

o deltóide
deltoid

o trapézio
trapezius

o dorsal
latissimus dorsi

o intercostal
intercostal

o bíceps
biceps

o tríceps
triceps

os abdominais
abdominals

o tendão
do jarrete
hamstring

a nádega
buttock

os quadríceps
quadriceps

o tendão
de Aquiles
Achilles tendon

a barriga
da perna
calf

português • english

o esqueleto • skeleton

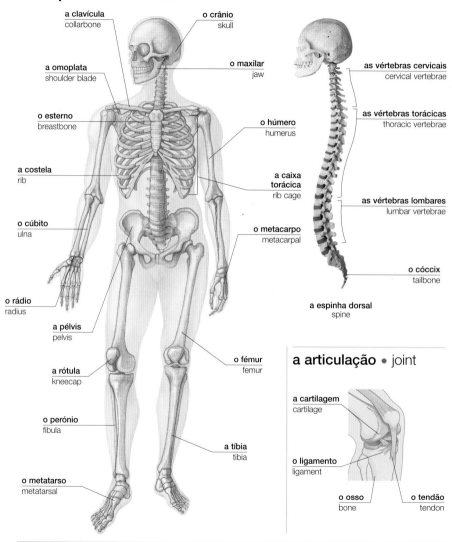

a clavícula
collarbone

o crânio
skull

a omoplata
shoulder blade

o maxilar
jaw

as vértebras cervicais
cervical vertebrae

o esterno
breastbone

o húmero
humerus

as vértebras torácicas
thoracic vertebrae

a costela
rib

a caixa
torácica
rib cage

o cúbito
ulna

as vértebras lombares
lumbar vertebrae

o metacarpo
metacarpal

o cóccix
tailbone

o rádio
radius

a espinha dorsal
spine

a pélvis
pelvis

a rótula
kneecap

o fémur
femur

a articulação • joint

a cartilagem
cartilage

o perónio
fibula

o ligamento
ligament

a tíbia
tibia

o metatarso
metatarsal

o osso
bone

o tendão
tendon

os órgãos internos • internal organs

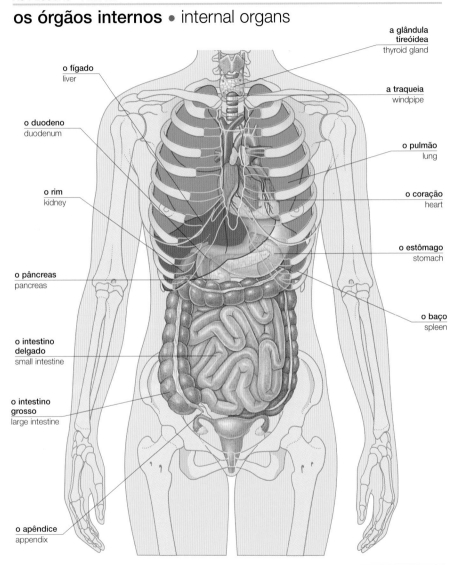

a glândula
tireóidea
thyroid gland

o fígado
liver

a traqueia
windpipe

o duodeno
duodenum

o pulmão
lung

o rim
kidney

o coração
heart

o estômago
stomach

o pâncreas
pancreas

o baço
spleen

o intestino
delgado
small intestine

o intestino
grosso
large intestine

o apêndice
appendix

a cabeça • head

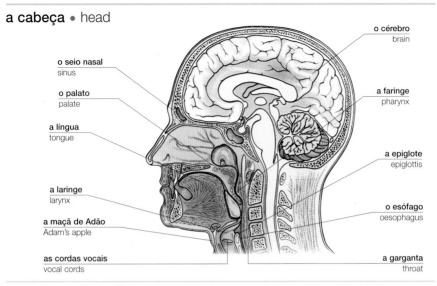

o seio nasal
sinus

o palato
palate

a língua
tongue

a laringe
larynx

a maçã de Adão
Adam's apple

as cordas vocais
vocal cords

o cérebro
brain

a faringe
pharynx

a epiglote
epiglottis

o esófago
oesophagus

a garganta
throat

os sistemas • body systems

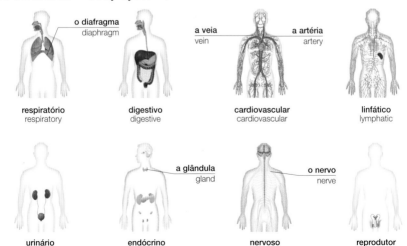

o diafragma
diaphragm

a veia
vein

a artéria
artery

respiratório
respiratory

digestivo
digestive

cardiovascular
cardiovascular

linfático
lymphatic

a glândula
gland

o nervo
nerve

urinário
urinary

endócrino
endocrine

nervoso
nervous

reprodutor
reproductive

os órgãos reprodutores • reproductive organs

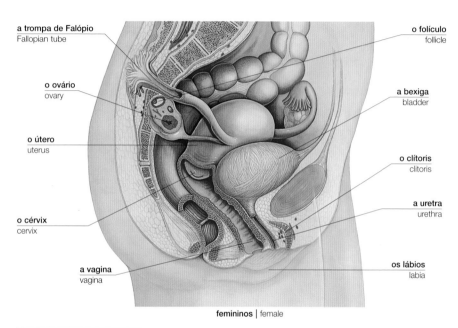

a trompa de Falópio
Fallopian tube

o ovário
ovary

o útero
uterus

o cérvix
cervix

a vagina
vagina

o folículo
follicle

a bexiga
bladder

o clítoris
clitoris

a uretra
urethra

os lábios
labia

femininos | female

a reprodução • reproduction

o esperma
sperm

o óvulo
egg

a fertilização | fertilization

vocabulário • vocabulary

a hormona hormone	impotente impotent	a menstruação menstruation
a ovulação ovulation	fértil fertile	o coito intercourse
estéril infertile	conceber conceive	a doença de transmissão sexual sexually transmitted disease

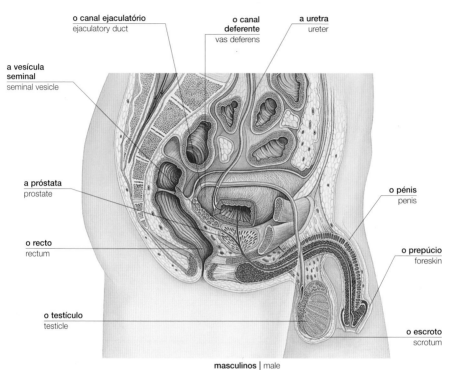

o canal ejaculatório
ejaculatory duct

o canal
deferente
vas deferens

a uretra
ureter

a vesícula
seminal
seminal vesicle

a próstata
prostate

o pénis
penis

o recto
rectum

o prepúcio
foreskin

o testículo
testicle

o escroto
scrotum

masculinos | male

a contracepção • contraception

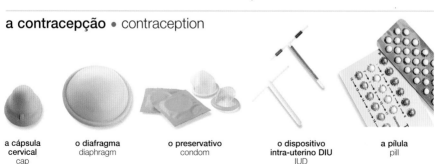

a cápsula
cervical
cap

o diafragma
diaphragm

o preservativo
condom

o dispositivo
intra-uterino DIU
IUD

a pílula
pill

a família • family

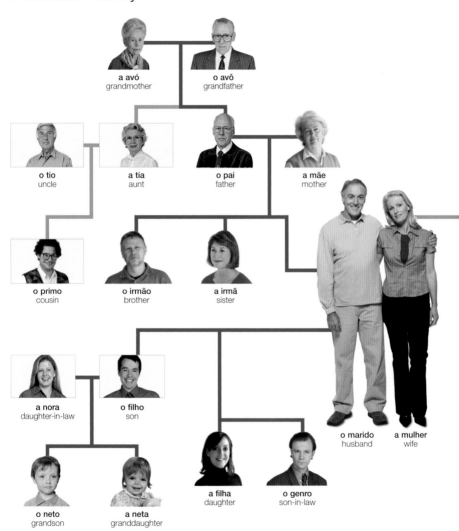

a avó
grandmother

o avô
grandfather

o tio
uncle

a tia
aunt

o pai
father

a mãe
mother

o primo
cousin

o irmão
brother

a irmã
sister

a nora
daughter-in-law

o filho
son

o marido
husband

a mulher
wife

o neto
grandson

a neta
granddaughter

a filha
daughter

o genro
son-in-law

o vocabulário • vocabulary

os parentes relatives	**os pais** parents	**os netos** grandchildren	**a madrasta** stepmother	**o enteado** stepson	**a geração** generation
os avós grandparents	**os filhos** children	**o padrasto** stepfather	**a enteada** stepdaughter	**o/a companheiro/a** partner	**os gémeos** twins

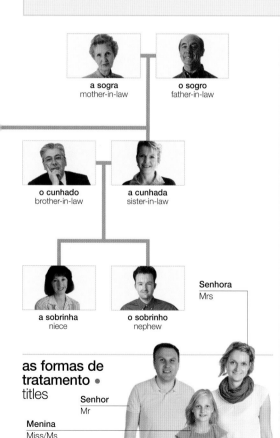

a sogra
mother-in-law

o sogro
father-in-law

o cunhado
brother-in-law

a cunhada
sister-in-law

a sobrinha
niece

o sobrinho
nephew

Senhora
Mrs

as formas de tratamento • titles

Senhor
Mr

Menina
Miss/Ms

as fases da vida • stages

o bebé
baby

a criança
child

o rapaz
boy

a rapariga
girl

a adolescente
teenager

o adulto
adult

o homem
man

a mulher
woman

as relações • relationships

a auxiliar
assistant

o chefe
manager

a sócia
business partner

o empregado
employee

a empregadora
employer

o colega
colleague

o escritório | office

o vizinho
neighbour

o amigo
friend

o conhecido
acquaintance

o correspondente
penfriend

o namorado
boyfriend

a namorada
girlfriend

o noivo
fiancé

a noiva
fiancée

o casal | couple

o casal comprometido | engaged couple

as emoções • emotions

feliz
happy

triste
sad

o sorriso
smile

entusiasmado
excited

aborrecido
bored

surpreendido
surprised

assustado
scared

zangado
angry

o sobrolho
franzido
frown

confuso
confused

preocupado
worried

nervoso
nervous

orgulhoso
proud

confiante
confident

envergonhado
embarrassed

tímido
shy

vocabulário • vocabulary

abalado upset	**rir (v)** laugh (v)	**suspirar (v)** sigh (v)	**gritar (v)** shout (v)
chocado shocked	**chorar (v)** cry (v)	**desmaiar (v)** faint (v)	**bocejar (v)** yawn (v)

os acontecimentos da vida • life events

nascer (v)
be born (v)

começar a escola (v)
start school (v)

fazer amigos (v)
make friends (v)

licenciar-se (v)
graduate (v)

conseguir um emprego (v)
get a job (v)

apaixonar-se (v)
fall in love (v)

casar (v)
get married (v)

ter um filho (v)
have a baby (v)

o casamento | wedding

o divórcio
divorce

o funeral
funeral

vocabulário • vocabulary

o baptizado
christening

o bar mitzvah
bar mitzvah

o aniversário
anniversary

emigrar (v)
emigrate (v)

reformar-se (v)
retire (v)

morrer (v)
die (v)

fazer testamento (v)
make a will (v)

a certidão de nascimento
birth certificate

a festa do casamento
wedding reception

a lua-de-mel
honeymoon

as celebrações • celebrations

os festivais •
festivals

a festa de anos
birthday party

o cartão
card

o aniversário
birthday

a prenda
present

o Natal
Christmas

a Páscoa judia
Passover

o Ano Novo
New Year

o Carnaval
carnival

o desfile
procession

o Ramadão
Ramadan

a fita
ribbon

o dia de Acção de Graças
Thanksgiving

a Páscoa
Easter

o dia de Halloween
Halloween

o Diwali
Diwali

português • english

a aparência
appearance

a roupa de criança • children's clothing

o bebé • baby

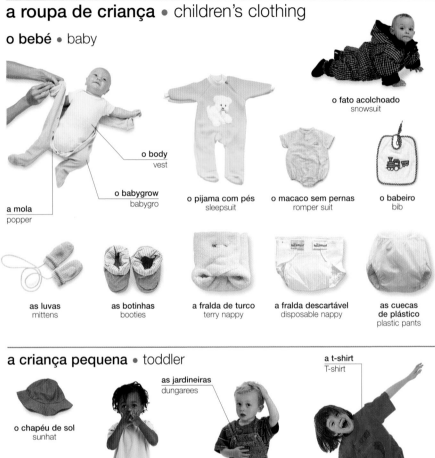

o fato acolchoado
snowsuit

o body
vest

o babygrow
babygro

a mola
popper

o pijama com pés
sleepsuit

o macaco sem pernas
romper suit

o babeiro
bib

as luvas
mittens

as botinhas
booties

a fralda de turco
terry nappy

a fralda descartável
disposable nappy

as cuecas
de plástico
plastic pants

a criança pequena • toddler

a t-shirt
T-shirt

as jardineiras
dungarees

o chapéu de sol
sunhat

o babete com
bolso
apron

os calções
shorts

a saia
skirt

a criança • child

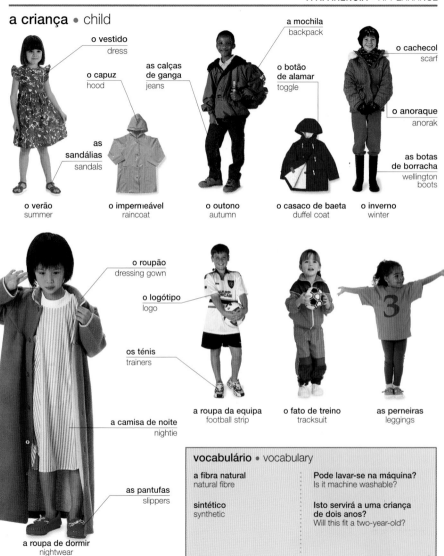

o vestido
dress

as calças
de ganga
jeans

o capuz
hood

as
sandálias
sandals

o verão
summer

o impermeável
raincoat

a mochila
backpack

o botão
de alamar
toggle

o outono
autumn

o casaco de baeta
duffel coat

o cachecol
scarf

o anoraque
anorak

as botas
de borracha
wellington
boots

o inverno
winter

o roupão
dressing gown

o logótipo
logo

os ténis
trainers

a camisa de noite
nightie

as pantufas
slippers

a roupa de dormir
nightwear

a roupa da equipa
football strip

o fato de treino
tracksuit

as perneiras
leggings

vocabulário • vocabulary

a fibra natural natural fibre	Pode lavar-se na máquina? Is it machine washable?
sintético synthetic	Isto servirá a uma criança de dois anos? Will this fit a two-year-old?

a roupa de homem • men's clothing

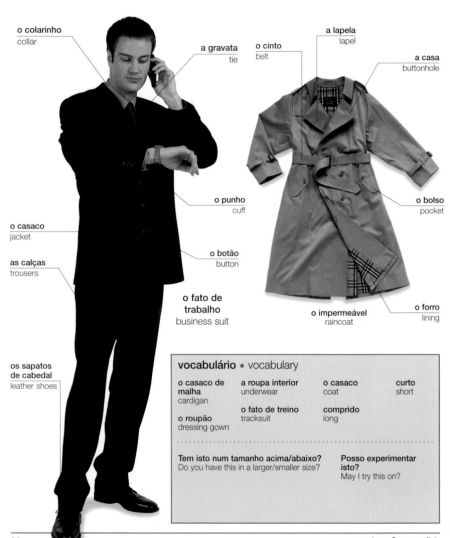

o colarinho
collar

a gravata
tie

o cinto
belt

a lapela
lapel

a casa
buttonhole

o punho
cuff

o bolso
pocket

o casaco
jacket

as calças
trousers

o botão
button

o fato de trabalho
business suit

o impermeável
raincoat

o forro
lining

os sapatos de cabedal
leather shoes

vocabulário • vocabulary

o casaco de malha cardigan	a roupa interior underwear	o casaco coat	curto short
	o fato de treino tracksuit	comprido long	
o roupão dressing gown			

Tem isto num tamanho acima/abaixo?
Do you have this in a larger/smaller size?

Posso experimentar isto?
May I try this on?

o decote em V
V-neck

o decote recondo
round neck

o blazer
blazer

o casaco desportivo
sports jacket

o colete
waistcoat

a t-shirt
T-shirt

o anoraque
anorak

a sweatshirt
sweatshirt

a camisa
shirt

as calças de ganga
jeans

a camisola de lã
sweater

o pijama
pyjamas

a camisola interior
vest

a roupa casual
casual wear

os calções
shorts

as cuecas
briefs

os boxers
boxer shorts

as peúgas
socks

a roupa de senhora • women's clothing

o casaco
jacket

a costura
seam

a manga
sleeve

comprido
ankle length

a saia
skirt

a bainha
hem

pelo joelho
knee length

os sapatos
shoes

formal
formal

sem alças
strapless

sem mangas
sleeveless

o vestido de noite
evening dress

o vestido
dress

a blusa
blouse

as calças
trousers

casual
casual

a lingerie • lingerie

o roupão
dressing gown

a combinação
slip

a alça
strap

a camisola interior
camisole

as ligas
suspenders

o espartilho de ligas
basque

a meia
stocking

as collants
tights

o soutien
bra

as cuecas
knickers

a camisa de noite
nightdress

o casamento • wedding

o véu
veil

a renda
lace

o ramo de flores
bouquet

a cauda
train

o vestido de casamento
wedding dress

---

vocabulário • vocabulary

o espartilho corset	**de corte justo** tailored
a liga garter	**preso no pescoço** halter neck
almofada de ombro shoulder pad	**com arames** underwired
o cós waistband	**soutien de desporto** sports bra

---

os acessórios • accessories

o boné
cap

o chapéu
hat

o lenço de pescoço
scarf

a fivela
buckle

o cabo
handle

o cinto
belt

a ponta
tip

o lenço de assoar
handkerchief

o laço
bow tie

o alfinete de gravata
tie-pin

as luvas
gloves

o guarda-chuva
umbrella

as jóias • jewellery

o pendente
pendant

o broche
brooch

o botão de punho
cuff links

o colar de pérolas
string of pearls

o elo
link

o fecho
clasp

o brinco
earrings

o anel
ring

a pedra
stone

o colar
necklace

o relógio
watch

a pulseira
bracelet

o fio
chain

o guarda-jóias | jewellery box

as malas • bags

a carteira
de homem
wallet

a carteira de senhora
purse

a mala de
pôr ao ombro
shoulder bag

o fecho
fastening

a alça
para ombro
shoulder strap

as asas
handles

o saco de viagem
holdall

a pasta
briefcase

a mala de mão
handbag

a mochila
backpack

os sapatos • shoes

o atacador
lace

a pala
tongue

a ilhó
eyelet

a sola
sole

o sapato de atacador
lace-up

o salto
heel

a bota
boot

a bota de
caminhada
walking boot

o ténis
trainer

o chinelo de
enfiar no dedo
flip-flop

o sapato
de homem
brogue

o sapto de salto alto
high-heeled shoe

o sapato de cunha
wedge

a sandália
sandal

o mocassin
slip-on

a sabrina
pump

o cabelo • hair

o pente
comb

pentear (v)
comb (v)

a cabeleireira
hairdresser

o lavatório
sink

a cliente
client

a escova
brush

escovar (v) | brush (v)

lavar (v) | wash (v)

enxaguar (v)
rinse (v)

a bata
robe

cortar (v)
cut (v)

secar com o secador (v)
blow dry (v)

fazer mise (v)
set (v)

os acessórios • accessories

o secador
hairdryer

o champô
shampoo

o amaciador
conditioner

o gel
gel

a laca
hairspray

os ferros de frisar
curling tongs

a tesoura
scissors

a bandolete
hairband

o alisador de cabelo
hair straighteners

o gancho de mola
hairpin

os penteados • styles

o rabo de cavalo
ponytail

a trança
plait

a banana
French pleat

o monho
bun

os rabichos
pigtails

virado para dentro
bob

curto
crop

encaracolado
curly

permanente
perm

liso
straight

os reflexos
highlights

as raízes
roots

careca
bald

a cabeleira
wig

vocabulário • vocabulary

aparar (v)
trim (v)

oleoso
greasy

alisar (v)
straighten (v)

seco
dry

o barbeiro
barber

normal
normal

a caspa
dandruff

o couro cabeludo
scalp

as pontas espigadas
split ends

o elástico de cabelo
hairtie

as cores • colours

louro
blonde

castanho
brunette

cobre
auburn

ruivo
ginger

preto
black

cinzento
grey

branco
white

pintado
dyed

a beleza • beauty

a tinta do cabelo
hair dye

a sombra
de olhos
eye shadow

o rímel
mascara

o lápis de olhos
eyeliner

o blush
blusher

a base
foundation

o bâton
lipstick

a maquilhagem • make-up

o lápis de sobrancelhas
eyebrow pencil

a escova de sobrancelhas
eyebrow brush

a pinça
tweezers

o brilho para lábios
lip gloss

o pincel para lábios
lip brush

o lápis de contorno
lip liner

o pincel para pó-de-
arroz
brush

o lápis corrector
concealer

o espelho
mirror

o pó-de-arroz
face powder

a esponja para
pó-de-arroz
powder puff

a caixa de pó compacto | compact

os tratamentos de beleza •
beauty treatments

a máscara
face pack

a cama de bronzeamento
sunbed

a limpeza de pele
facial

esfoliar (v)
exfoliate (v)

a depilação a cera
wax

a pedicura
pedicure

a manicura • manicure

o removedor de verniz
nail varnish remover

a lima de unhas
nail file

o verniz de unhas
nail varnish

a tesoura
de unhas
nail scissors

o corta-
unhas
nail clippers

os artigos de toilette • toiletries

o leite de limpeza
cleanser

o tónico
toner

o hidratante
moisturizer

o creme
autobronzeador
self-tanning cream

o perfume
perfume

a água de colónia
eau de toilette

vocabulário • vocabulary

a pele complexion	oleosa oily	o bronzeado tan
clara fair	sensível sensitive	a tatuagem tattoo
escura dark	hipoalergénico hypoallergenic	o anti-rugas antiwrinkle
seca dry	a tonalidade shade	as bolas de algodão cotton balls

a saúde
health

a doença • illness

a febre | fever

o inalador
inhaler

a asma
asthma

as cólicas
cramps

a dor de cabeça
headache

o sangramento
do nariz
nosebleed

a tosse
cough

o espirro
sneeze

a constipação
cold

a gripe
flu

a náusea
nausea

a varicela
chickenpox

a erupção
rash

vocabulário • vocabulary

o AVC stroke	a diabetes diabetes	a eczema eczema	o resfriado chill	vomitar (v) vomit (v)	a diarreia diarrhoea
a tensão arterial blood pressure	a alergia allergy	a infecção infection	a dor de estômago stomach ache	a epilepsia epilepsy	o sarampo measles
o enfarte do miocárdio heart attack	a febre dos fenos hay fever	o vírus virus	desmaiar (v) faint (v)	a enxaqueca migraine	a papeira mumps

o médico • doctor
a consulta • consultation

a enfermeira
nurse

o médico
doctor

o leitor de raios X
x-ray viewer

a receita
prescription

a doente
patient

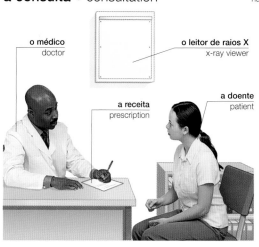

a balança
scales

a braçadeira
cuff

o medidor de
tensão arterial elétrico
electric blood
pressure monitor

vocabulário • vocabulary

a consulta appointment	**a vacina** inoculation
o consultório surgery	**o termómetro** thermometer
a sala de espera waiting room	**o exame médico** medical examination

Preciso de uma consulta.
I need to see a doctor.

Dói-me aqui.
It hurts here.

a lesão • injury

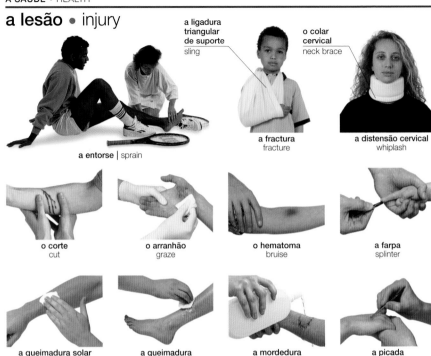

a ligadura triangular de suporte
sling

o colar cervical
neck brace

a entorse | sprain

a fractura
fracture

a distensão cervical
whiplash

o corte
cut

o arranhão
graze

o hematoma
bruise

a farpa
splinter

a queimadura solar
sunburn

a queimadura
burn

a mordedura
bite

a picada
sting

vocabulário • vocabulary

o acidente accident	**a hemorragia** haemorrhage	**o envenenamento** poisoning	**Ele/ela vai ficar bem?** Will he/she be all right?
a emergência emergency	**a bolha** blister	**o choque eléctrico** electric shock	**Onde é que lhe dói?** Where does it hurt?
a ferida wound	**a concussão** concussion	**o ferimento na cabeça** head injury	**Por favor chame uma ambulância.** Please call an ambulance.

os primeiros socorros • first aid

a pomada
ointment

o penso rápido
plaster

o alfinete de
segurança
safety pin

a ligadura
bandage

os analgésicos
painkillers

a toalhita
anti-séptica
antiseptic wipe

a pinça
tweezers

a tesoura
scissors

o anti-séptico
antiseptic

a caixa de primeiros socorros | first-aid box

a gaze
gauze

o curativo
dressing

a tala
splint

o adesivo
adhesive tape

a reanimação
resuscitation

vocabulário • vocabulary

o choque shock	o pulso pulse	engasgar-se (v) choke (v)
inconsciente unconscious	a respiração breathing	estéril sterile

Pode ajudar-me?
Can you help?

Tem conhecimentos de primeiros socorros?
Do you know first aid?

o hospital • hospital

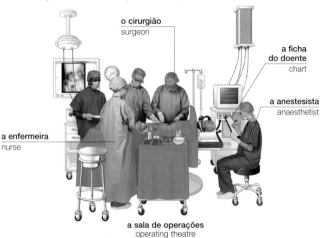

o cirurgião
surgeon

a ficha
do doente
chart

a enfermeira
nurse

a anestesista
anaesthetist

a sala de operações
operating theatre

a análise de sangue
blood test

a injecção
injection

a radiografia
x-ray

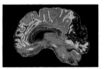

a ecografia
scan

a maca
trolley

o botão
de chamada
call button

a sala de urgências
emergency room

a enfermaria
ward

a cadeira de rodas
wheelchair

---

vocabulário • vocabulary

a operação operation	com alta discharged	as horas de visita visiting hours	a enfermaria da pediatria children's ward	a unidade de cuidados intensivos intensive care unit
internado admitted	a clínica clinic	a enfermaria da maternidade maternity ward	o quarto particular private room	o doente externo outpatient

os serviços • departments

a otorrinolaringologia
ENT

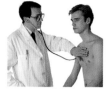
a cardiologia
cardiology

a ortopedia
orthopaedics

a ginecologia
gynaecology

a fisioterapia
physiotherapy

a dermatologia
dermatology

a pediatria
paediatrics

a radiologia
radiology

a cirurgia
surgery

a maternidade
maternity

a psiquiatria
psychiatry

a oftalmologia
ophthalmology

vocabulário • vocabulary

a neurologia neurology	**a urologia** urology	**a endocrinologia** endocrinology	**a patologia** pathology	**o resultado** result
a oncologia oncology	**a cirurgia plástica** plastic surgery	**o encaminhamento** referral	**a análise** test	**o especialista** consultant

o dentista • dentist

o dente • tooth

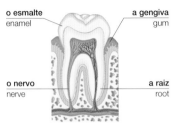

o esmalte
enamel

a gengiva
gum

o nervo
nerve

a raiz
root

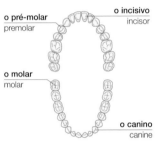

o pré-molar
premolar

o incisivo
incisor

o molar
molar

o canino
canine

vocabulário • vocabulary

a dor de dentes toothache	a broca drill
a placa bacteriana plaque	o fio dentário dental floss
a cárie decay	a extracção extraction
a obturação filling	a coroa dentária crown

o check-up • checkup

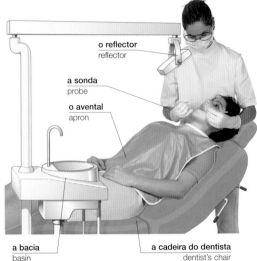

o reflector
reflector

a sonda
probe

o avental
apron

a bacia
basin

a cadeira do dentista
dentist's chair

usar o fio
dentário (v)
floss (v)

escovar
brush (v)

o aparelho
ortodôntico
braces

os raios x dentários
dental x-ray

a radiografia
x-ray film

a dentadura
postiça
dentures

o oculista • optician

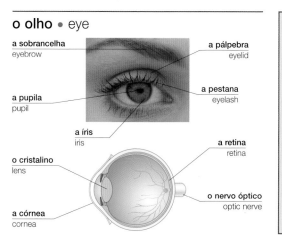

o exame dos olhos | eye test

o estojo
case

a lente
lens

a armação
frame

os óculos
glasses

os óculos de sol
sunglasses

o líquido de limpeza
cleaning fluid

a solução
desinfectante
disinfectant solution

o estojo
das lentes
lens case

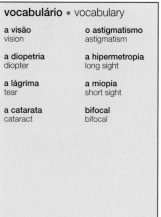

as lentes de contacto | contact lenses

o olho • eye

a sobrancelha
eyebrow

a pupila
pupil

a íris
iris

a pálpebra
eyelid

a pestana
eyelash

o cristalino
lens

a córnea
cornea

a retina
retina

o nervo óptico
optic nerve

vocabulário • vocabulary

a visão vision	o astigmatismo astigmatism
a diopetria diopter	a hipermetropia long sight
a lágrima tear	a miopia short sight
a catarata cataract	bifocal bifocal

a gravidez • pregnancy

o teste de gravidez
pregnancy test

a ecografia
scan

o ultra-som | ultrasound

a placenta
placenta

o cordão umbilical
umbilical cord

o cérvix
cervix

o útero
uterus

o feto | foetus

---

vocabulário • vocabulary

a ovulação ovulation	**pré-natal** antenatal	**a amniocentese** amniocentesis	**a dilatação** dilation	**o parto** delivery	**o parto distócico** breech birth
a concepção conception	**o embrião** embryo	**a contracção** contraction	**a epidural** epidural	**o nascimento** birth	**prematuro** premature
grávida pregnant	**o útero** womb	**romper águas (v)** break waters (v)	**a episiotomia** episiotomy	**o aborto espontâneo** miscarriage	**o ginecologista** gynaecologist
gestante expectant	**o trimestre** trimester	**o líquido amniótico** amniotic fluid	**a cesariana** caesarean section	**os pontos** stitches	**o obstetra** obstetrician

o parto • childbirth

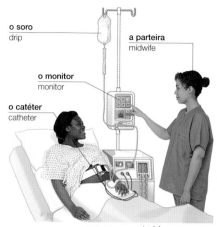

o soro
drip

a parteira
midwife

o monitor
monitor

o catéter
catheter

provocar o parto (v)
induce labour (v)

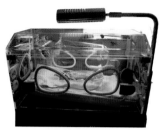

a incubadora | incubator

o peso à nascença | birth weight

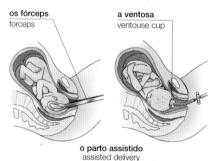

os fórceps
forceps

a ventosa
ventouse cup

o parto assistido
assisted delivery

a pulseira de identificação
identity tag

o recém-nascido | newborn baby

a amamentação • nursing

a bomba de leite materno
breast pump

o soutien de amamentação
nursing bra

amamentar (v)
breastfeed (v)

os discos protectores
pads

as terapias alternativas • alternative therapy

a pose de yoga
yoga pose

o tapete
mat

o ioga | yoga

a massagem
massage

o shiatsu
shiatsu

a quiroprática
chiropractic

a osteopatia
osteopathy

a reflexologia
reflexology

a meditação
meditation

o terapeuta
counsellor

a terapia de grupo
group therapy

o reiki
reiki

a acupunctura
acupunture

a ayurveda
ayurveda

a hipnoterapia
hypnotherapy

os óleos essenciais
essential oils

a fitoterapia
herbalism

a aromaterapia
aromatherapy

a homeopatia
homeopathy

a acupressão
acupressure

a terapeuta
therapist

a psicoterapia
psychotherapy

vocabulário • vocabulary

o suplemento supplement	a naturopatia naturopathy	o relaxamento relaxation	a erva herb
a hidroterapia hydrotherapy	o feng shui feng shui	o stress stress	a cristaloterapia crystal healing

o lar
home

a casa • house

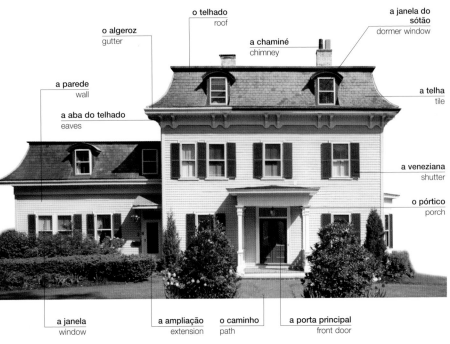

o telhado
roof

o algeroz
gutter

a chaminé
chimney

a janela do sótão
dormer window

a parede
wall

a telha
tile

a aba do telhado
eaves

a veneziana
shutter

o pórtico
porch

a janela
window

a ampliação
extension

o caminho
path

a porta principal
front door

vocabulário • vocabulary

isolada detached	**o inquilino** tenant	**a garagem** garage	**a caixa do correio** letterbox	**o alarme anti-roubo** burglar alarm	**arrendar (v)** rent (v)
geminada semidetached	**o bangaló** bungalow	**o sótão** attic	**a luz da entrada** porch light	**o pátio** courtyard	**a renda** rent
a moradia urbana townhouse	**a cave** basement	**a divisão** room	**o senhorio** landlord	**o soalho** floor	**em banda** terraced

a entrada • entrance

o corrimão
hand rail

o patamar
landing

o balaústre
banister

as escadas
staircase

o vestíbulo
hallway

a campainha
doorbell

o capacho
doormat

o batente
door knocker

a corrente
door chain

a chave
key

o batente

a fechadura
lock

o ferrolho
bolt

o apartamento • flat

a varanda
balcony

o bloco de apartamentos
block of flats

o intercomunicador
intercom

o elevador
lift

as instalações internas • internal systems

a palheta
blade

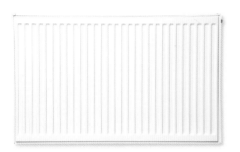

a ventoinha
fan

o radiador
radiator

o aquecedor
heater

o convector
convector heater

a electricidade • electricity

a ligação à terra
earthing

o pino
pin

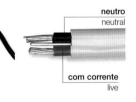

neutro
neutral

com corrente
live

a lâmpada económica
energy-saving bulb

a ficha | plug

os cabos | wires

---

vocabulário • vocabulary

a tensão voltage	o fusível fuse	a tomada socket	a corrente contínua direct current	o corte de corrente power cut
o ampere amp	a caixa dos fusíveis fuse box	o interruptor switch	o transformador transformer	o fornecimento de electricidade mains supply
a corrente eléctrica power	o gerador generator	a corrente alterna alternating current	o contador da electricidade electricity meter	

---

a canalização • plumbing

a admissão
inlet

a saída
outlet

a válvula
da pressão
pressure
valve

o
isolamento
insulation

o tubo de
descarga
overflow
pipe

o depósito
tank

o depósito
da água
water
chamber

a torneira
de
drenagem
drain cock

o termóstato
thermostat

o queimador
gas burner

a resistência
heating element

a caldeira
boiler

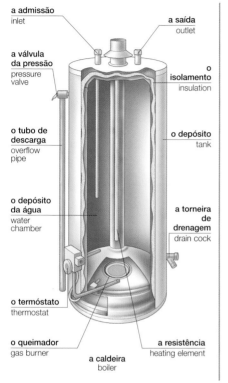

o lava-loiças • sink

a torneira
tap

a alavanca
lever

a
admissão
da água
supply pipe

a junta
gasket

a válvula de fecho
shutoff valve

o escoamento
drain

o triturador de lixo
waste disposal unit

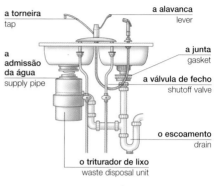

a sanita • toilet

a cisterna
cistern

o flutuador
float ball

a tampa
seat

a taça
bowl

o tubo
de descarga
waste pipe

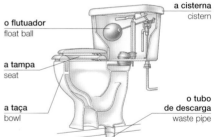

a eliminação de resíduos • waste disposal

a garrafa
bottle

a tampa
lid

o pedal
pedal

o caixote
de reciclagem
recycling bin

o caixote do lixo
rubbish bin

a unidade de
classificação do lixo
sorting unit

os resíduos orgânicos
organic waste

a sala de estar • living room

o aplique
wall light

a lareira
fireplace

o tecto
ceiling

a jarra
vase

a almofada
cushion

o candeeiro
lamp

**a mesa
de café**
coffee table

o sofá
sofa

o soalho
floor

a cortina
curtain

a cortina de rede
net curtain

a moldura
frame

o estore veneziano
Venetian blind

o estore com rolo
roller blind

o quadro
painting

o friso
moulding

a poltrona
armchair

a estante
bookshelf

o sofá-cama
sofa bed

o tapete
rug

o escritório | study

a sala de jantar • dining room

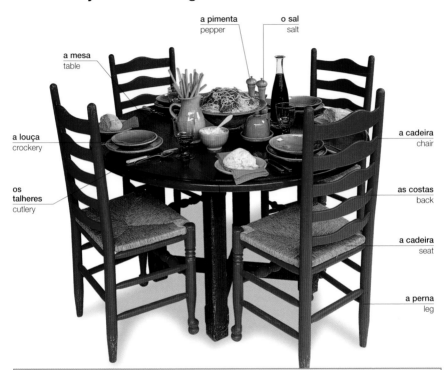

a pimenta
pepper

o sal
salt

a mesa
table

a louça
crockery

os
talheres
cutlery

a cadeira
chair

as costas
back

a cadeira
seat

a perna
leg

vocabulário • vocabulary

pôr a mesa (v) lay the table (v)	**faminto** hungry	**o almoço** lunch	**cheio** full	**o anfitrião** host	**Posso repetir, por favor?** Can I have some more, please?
servir (v) serve (v)	**a toalha de mesa** tablecloth	**o jantar** dinner	**a dose** portion	**a anfitriã** hostess	**Estou satisfeito, obrigado.** I've had enough, thank you.
comer (v) eat (v)	**o pequeno-almoço** breakfast	**o individual** place mat	**a refeição** meal	**o convidado** guest	**Estava delicioso.** That was delicious.

a louça e os talheres • crockery and cutlery

a colher de chá
teaspoon

a caneca
mug

**a chávena
de café**
coffee cup

a chávena de chá
teacup

o prato
plate

a taça
bowl

o copo de vinho
wine glass

o copo
de água
tumbler

a cafeteira
cafetière

o bule
teapot

o jarro
jug

o oveiro
egg cup

os vidros
glassware

**a argola de
guardanapo**
napkin ring

**o prato
de pão**
side plate

o prato raso
dinner plate

o prato de sopa
soup bowl

a colher de sopa
soup spoon

o garfo
fork

o guardanapo
napkin

o lugar
place setting

a colher
spoon

a faca
knife

a cozinha • kitchen

as prateleiras
shelves

o resguardo
anti-salpicos
splashback

a torneira
tap

o lava-
loiças
sink

a gaveta
drawer

o exaustor
extractor

a placa
vitrocerâmica
ceramic hob

a bancada
worktop

o forno
oven

o armário
cabinet

os electrodomésticos • appliances

o microondas
microwave oven

a taça
misturadora
mixing bowl

a lâmina
blade

a tampa
lid

o fervedor
kettle

a torradeira
toaster

o robot de cozinha
food processor

o liquidificador
blender

a máquina de
lavar loiça
dishwasher

a máquina
de cubos
de gelo
ice maker

o frigorífico
refrigerator

a prateleira
shelf

o congelador
freezer

a caixa dos
legumes
crisper

o frigorífico-congelador | fridge-freezer

vocabulário • vocabulary

o escorredor
draining board

o queimador
burner

o fogão
hob

o caixote do
lixo
rubbish bin

congelar (v)
freeze (v)

descongelar
(v)
defrost (v)

cozer ao
vapor (v)
steam (v)

saltear (v)
sauté (v)

cozinhar • cooking

pelar (v)
peel (v)

cortar (v)
slice (v)

ralar (v)
grate (v)

deitar (v)
pour (v)

misturar (v)
mix (v)

bater (v)
whisk (v)

ferver (v)
boil (v)

fritar (v)
fry (v)

estender com o rolo (v)
roll (v)

mexer (v)
stir (v)

**cozer em
fogo lento (v)**
simmer (v)

escalfar (v)
poach (v)

cozer no forno (v)
bake (v)

assar (v)
roast (v)

grelhar (v)
grill (v)

os utensílios de cozinha • kitchenware

a tábua para cortar
chopping board

a faca de pão
bread knife

a faca de cozinha
kitchen knife

o cutelo
cleaver

o afiador de facas
knife sharpener

o martelo de carne
meat tenderizer

o espeto
skewer

o pilão
pestle

o pelador
peeler

**o descaroçador
de maçãs**
apple corer

o ralador
grater

o almofariz
mortar

**o esmagador
de batata**
masher

o abre-latas
can opener

o tira-cápsulas
bottle opener

**o esmagador
de alhos**
garlic press

a colher de servir
serving spoon

a espátula de peixe
fish slice

o coador
colander

a espátula
spatula

a colher de pau
wooden spoon

a colher perfurada
slotted spoon

a concha
ladle

o garfo de trinchar
carving fork

**a colher
para gelado**
scoop

**o batedor
de arames**
whisk

o passador
sieve

a tampa
lid

antiaderente
non-stick

a frigideira
frying pan

a caçarola
saucepan

o grelhador
grill pan

o wok
wok

a caçarola de barro
earthenware dish

de vidro
glass

resistente ao forno
ovenproof

a tigela
mixing bowl

a forma de suflé
soufflé dish

a travessa para gratinar
gratin dish

a forma individual
ramekin

a caçarola
casserole dish

a pastelaria • baking cakes

a balança
scales

o jarro graduado
measuring jug

a forma de bolos
cake tin

a forma de tarte
pie tin

a forma de pudim
flan tin

o pincel para massa
pastry brush

o rolo de massa | rolling pin

o saco de pasteleiro
piping bag

o tabuleiro para queques
muffin tray

o tabuleiro de forno
baking tray

a grelha
cooling rack

a luva de forno
oven glove

o avental
apron

o quarto de dormir • bedroom

o guarda-fatos
wardrobe

o candeeiro
de mesa-de-
cabeceira
bedside lamp

a cabeceira
headboard

a mesa-de-cabeceira
bedside table

a cómoda
chest of drawers

a gaveta	a cama	o colchão	a colcha	a almofada
drawer	bed	mattress	bedspread	pillow

o saco de água
quente
hot-water bottle

o rádio
despertador
clock radio

o relógio
despertador
alarm clock

a caixa de lenços
de papel
box of tissues

o cabide
coat hanger

a roupa de cama • bed linen

a fronha
pillowcase

o espelho
mirror

o toucador
dressing table

o edredão
duvet

o lençol
sheet

o rodapé da cama
valance

a coberta acolchoada
quilt

o cobertor
blanket

o soalho
floor

---

vocabulário • vocabulary

a cama de solteiro single bed	**os pés** **da cama** footboard	**as molas** **do colchão** bedspring	**acordar (v)** wake up (v)	**pôr o despertador** **para tocar (v)** set the alarm (v)
a cama de casal double bed	**a insónia** insomnia	**deitar-se (v)** go to bed (v)	**levantar-se (v)** get up (v)	**ressonar (v)** snore (v)
o cobertor eléctrico electric blanket	**a alcatifa** carpet	**ir dormir (v)** go to sleep (v)	**fazer a cama (v)** make the bed (v)	**o roupeiro** **embutido** built-in wardrobe

---

a casa de banho • bathroom

o toalheiro
towel rail

**a porta
do chuveiro**
shower door

**a torneira
de água fria**
cold tap

**a torneira de
água quente**
hot tap

**a cabeça
do chuveiro**
shower head

a bacia
washbasin

a tampa
plug

o duche
shower

**o cano de
escoamento**
drain

**a tampa
da sanita**
toilet seat

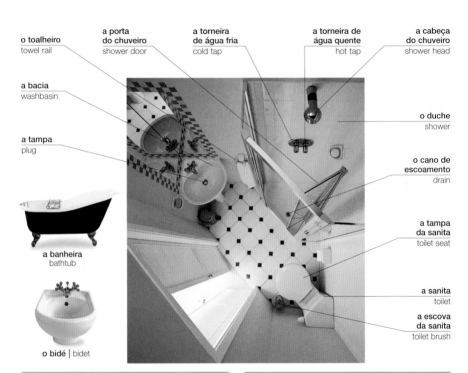

a banheira
bathtub

o bidé | bidet

a sanita
toilet

**a escova
da sanita**
toilet brush

---

vocabulário • vocabulary

o armário de medicamentos
medicine cabinet

**o tapete
de banheira**
bath mat

o rolo de papel higiénico
toilet roll

**a cortina
do chuveiro**
shower curtain

tomar um duche (v)
take a shower (v)

tomar um banho (v)
take a bath (v)

a higiene dental • dental hygiene

a escova de dentes
toothbrush

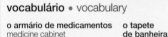

a pasta de dentes
toothpaste

o elixir bucal
mouthwash

**o fio
dentário**
dental floss

a esponja
sponge

a pedra-pomes
pumice stone

a escova para as costas
back brush

o desodorizante
deodorant

a saboneteira
soap dish

o sabonete
soap

o creme para a cara
face cream

o gel de duche
shower gel

o gel de banho
bubble bath

a toalha de mãos
hand towel

a toalha de banho
bath towel

as toalhas
towels

a loção de corpo
body lotion

o pó de talco
talcum powder

o roupão de banho
bathrobe

a barba • shaving

a máquina de barbear
electric razor

a espuma de barbear
shaving foam

a gilete descartável
disposable razor

a lâmina de barbear
razor blade

o aftershave
aftershave

o quarto das crianças • nursery

o cuidado do bebé • baby care

a esponja
sponge

o creme para
as assaduras
nappy rash cream

a toalhita
húmida
wet wipe

a banheira do bebé
baby bath

o bacio
potty

o muda-fraldas
changing mat

a hora de dormir • sleeping

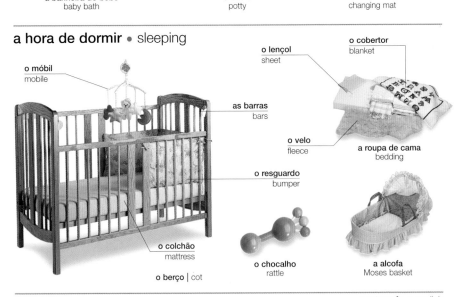

o móbil
mobile

o lençol
sheet

o cobertor
blanket

as barras
bars

o velo
fleece

a roupa de cama
bedding

o resguardo
bumper

o colchão
mattress

o berço | cot

o chocalho
rattle

a alcofa
Moses basket

os jogos • playing

a boneca
doll

o peluche
soft toy

a casa de bonecas
doll's house

a casa de brincar
playhouse

a segurança •
safety

**o fecho
de segurança**
child lock

o monitor de bebé
baby monitor

o ursinho de peluche
teddy bear

o brinquedo
toy

a bola
ball

o cesto dos brinquedos
toy basket

o parque
playpen

a grade de segurança
stair gate

a comida •
eating

a cadeira da papa
high chair

a tetina
teat

a caneca
drinking cup

o biberão
bottle

o passeio • going out

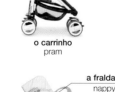

a cadeirinha
pushchair

o carrinho
pram

a capota
hood

a fralda
nappy

o porta-bebé
carrycot

o saco do bebé
changing bag

o marsupial
baby sling

a lavandaria • utility room

o tratamento da roupa • laundry

a roupa suja
dirty washing

a roupa limpa
clean clothes

o cesto da
roupa suja
laundry basket

a máquina de
lavar roupa
washing machine

a máquina de lavar
e secar roupa
washer-dryer

a máquina de
secar roupa
tumble dryer

o cesto da roupa
para engomar
linen basket

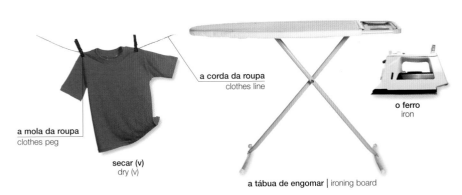

a corda da roupa
clothes line

o ferro
iron

a mola da roupa
clothes peg

secar (v)
dry (v)

a tábua de engomar | ironing board

---

vocabulário • vocabulary

pôr a roupa na
máquina (v)
load (v)

centrifugar (v)
spin (v)

engomar (v)
iron (v)

enxaguar (v)
rinse (v)

a centrifugadora
spin dryer

o amaciador
de roupa
fabric conditioner

Como funciona a máquina de lavar?
How do I operate the washing machine?

Qual é o programa para a roupa de cor/branca?
What is the setting for coloureds/whites?

---

português • english

o equipamento de limpeza • cleaning equipment

o tubo do aspirador
suction hose

a vassourinha
brush

a pá de lixo
dust pan

a lixívia
bleach

o balde
bucket

o pó
powder

o líquido
liquid

o pano
do pó
duster

o aspirador
vacuum cleaner

a esfregona
mop

o detergente
detergent

a cera
polish

as acções • activities

limpar (v)
clean (v)

lavar (v)
wash (v)

passar um pano (v)
wipe (v)

esfregar (v)
scrub (v)

raspar (v)
scrape (v)

a vassoura
broom

varrer (v)
sweep (v)

limpar o pó (v)
dust (v)

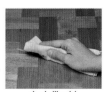

dar brilho (v)
polish (v)

a oficina • workshop

a serra de vaivém
jigsaw

a bateria
battery pack

o berbequim recarregável
cordless drill

o mandril
chuck

a broca
drill bit

o berbequim eléctrico
electric drill

a pistola de cola
glue gun

a prensa
clamp

o torno de bancada
vice

a lixadeira
sander

a lâmina
blade

a serra circular
circular saw

**a bancada
de trabalho**
workbench

**a cola
de madeira**
wood glue

**o organizador
de ferramentas**
tool rack

a tupia
router

**o berbequim
manual**
bit brace

**as aparas
de madeira**
wood shavings

**a extensão
eléctrica**
extension lead

as técnicas • techniques

cortar (v)
cut (v)

serrar (v)
saw (v)

furar (v)
drill (v)

martelar (v)
hammer (v)

aplainar (v) | plane (v)

tornear (v) | turn (v)

talhar (v) | carve (v)

a solda
solder

soldar (v) | solder (v)

os materiais • materials

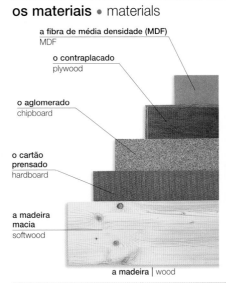

a fibra de média densidade (MDF)
MDF

o contraplacado
plywood

o aglomerado
chipboard

o cartão prensado
hardboard

a madeira macia
softwood

a madeira | wood

a madeira dura
hardwood

o verniz
varnish

o corante de madeiras
wood stain

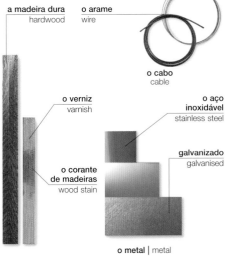

o arame
wire

o cabo
cable

o aço inoxidável
stainless steel

galvanizado
galvanised

o metal | metal

a caixa das ferramentas • toolbox

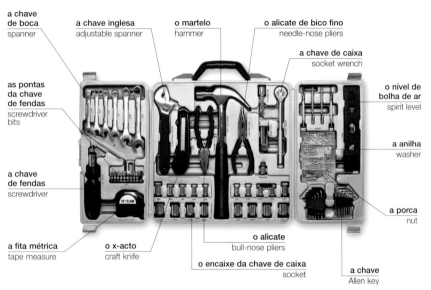

a chave de boca
spanner

a chave inglesa
adjustable spanner

o martelo
hammer

o alicate de bico fino
needle-nose pliers

a chave de caixa
socket wrench

as pontas da chave de fendas
screwdriver bits

o nível de bolha de ar
spirit level

a anilha
washer

a chave de fendas
screwdriver

a porca
nut

a fita métrica
tape measure

o x-acto
craft knife

o alicate
bull-nose pliers

o encaixe da chave de caixa
socket

a chave
Allen key

as brocas • drill bits

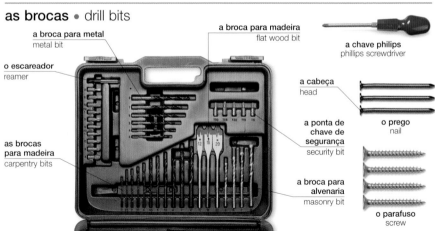

a broca para metal
metal bit

a broca para madeira
flat wood bit

a chave philips
phillips screwdriver

o escareador
reamer

a cabeça
head

a ponta de chave de segurança
security bit

o prego
nail

as brocas para madeira
carpentry bits

a broca para alvenaria
masonry bit

o parafuso
screw

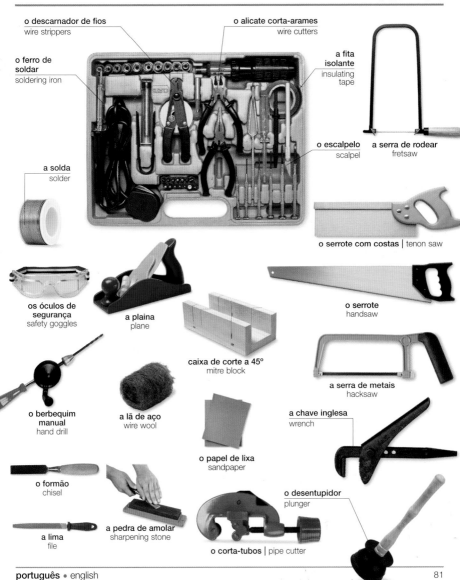

o descarnador de fios
wire strippers

o alicate corta-arames
wire cutters

o ferro de soldar
soldering iron

a fita isolante
insulating tape

a solda
solder

o escalpelo
scalpel

a serra de rodear
fretsaw

o serrote com costas | tenon saw

os óculos de segurança
safety goggles

a plaina
plane

caixa de corte a 45º
mitre block

o serrote
handsaw

a serra de metais
hacksaw

o berbequim manual
hand drill

a lã de aço
wire wool

a chave inglesa
wrench

o papel de lixa
sandpaper

o formão
chisel

a pedra de amolar
sharpening stone

o desentupidor
plunger

a lima
file

o corta-tubos | pipe cutter

a decoração • decorating

a tesoura
scissors

o x-acto
craft knife

o fio de prumo
plumb line

o raspador
scraper

o pintor
decorator

**o papel
de parede**
wallpaper

o escadote
stepladder

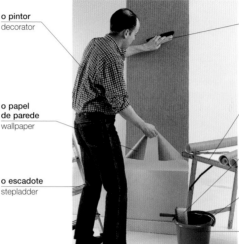

**a trincha de
alisar o papel**
wallpaper brush

**a mesa
de colar**
pasting table

**a trincha
da cola**
pasting brush

**a cola de
papel de parede**
wallpaper paste

o balde
bucket

forrar com papel de parede (v) | wallpaper (v)

arrancar (v) | strip (v)

betumar (v) | fill (v)

lixar (v) | sand (v)

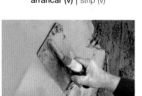

estucar (v) | plaster (v)

colocar o papel (v) | hang (v)

colocar azulejos (v) | tile (v)

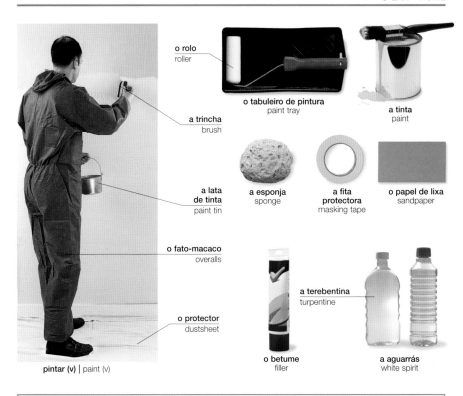

o rolo
roller

o tabuleiro de pintura
paint tray

a tinta
paint

a trincha
brush

a esponja
sponge

a fita
protectora
masking tape

o papel de lixa
sandpaper

a lata
de tinta
paint tin

o fato-macaco
overalls

a terebentina
turpentine

o protector
dustsheet

o betume
filler

a aguarrás
white spirit

pintar (v) | paint (v)

vocabulário • vocabulary

o estuque plaster	com brilho gloss	o papel com relevo embossed paper	a primeira demão undercoat	o vedante sealant
o verniz varnish	mate matte	o papel de base lining paper	a última demão top coat	o dissolvente solvent
a tinta de água emulsion	o stencil stencil	o primário primer	o conservante preservative	a mistura para juntas grout

o jardim • garden

os estilos de jardim • garden styles

o jardim de terraço
roof garden

o cesto de pendurar
hanging basket

o pátio ajardinado | patio garden

o jardim de pedras
rock garden

a treliça | trellis

o jardim clássico | formal garden

o pátio | courtyard

o jardim campestre
cottage garden

o jardim de plantas herbáceas
herb garden

o jardim aquático
water garden

a pérgola
pergola

o pavimento
paving

o caminho
path

o monte de
adubo natural
compost heap

o portão
gate

o canteiro
de flores
flowerbed

a barraca
shed

o relvado
lawn

a estufa
greenhouse

o lago
pond

a vedação
fence

a sebe
hedge

o arco
arch

a horta
vegetable
garden

o canteiro de
plantas herbáceas
herbaceous border

a camada superior
topsoil

a areia
sand

a greda
chalk

o silte
silt

a argila
clay

o deck de madeira
decking

a fonte | fountain

as plantas de jardim • garden plants

os tipos de plantas • types of plants

anual
annual

bienal
biennial

vivaz
perennial

o bolbo
bulb

o feto
fern

o junco
rush

o bambu
bamboo

as ervas daninhas
weeds

a erva aromática
herb

a planta aquática
water plant

a árvore
tree

a palmeira
palm

a conífera
conifer

de folha persistente
evergreen

de folha caduca
deciduous

a topiária
topiary

a planta alpina
alpine

a planta suculenta
succulent

o cacto
cactus

a planta de vaso
potted plant

a planta de sombra
shade plant

a trepadeira
climber

**o arbusto
que dá flores**
flowering shrub

**a vegetação
de cobertura**
ground cover

a planta rasteira
creeper

ornamental
ornamental

a relva
grass

as ferramentas de jardim • garden tools

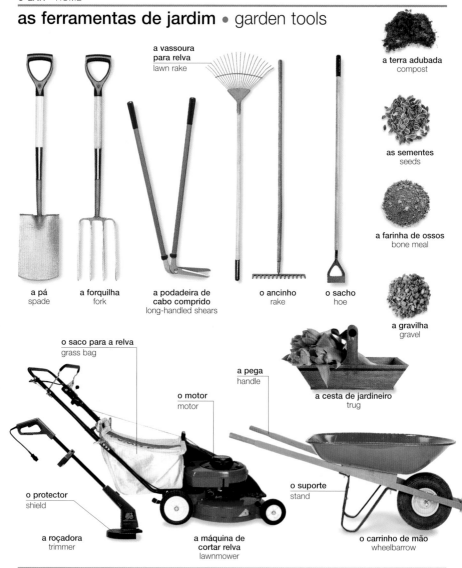

a vassoura
para relva
lawn rake

a terra adubada
compost

as sementes
seeds

a farinha de ossos
bone meal

a pá
spade

a forquilha
fork

**a podadeira de
cabo comprido**
long-handled shears

o ancinho
rake

o sacho
hoe

a gravilha
gravel

o saco para a relva
grass bag

a pega
handle

o motor
motor

a cesta de jardineiro
trug

o protector
shield

o suporte
stand

a roçadora
trimmer

**a máquina de
cortar relva**
lawnmower

o carrinho de mão
wheelbarrow

o garfo para flores
hand fork

a tesoura de podar
secateurs

as luvas de jardinagem
gardening gloves

a guita
twine

as etiquetas
labels

a colher de
transplante
trowel

os atilhos
de arame
twist ties

a lâmina
blade

o tabuleiro
de germinação
seed tray

as anilhas
ring ties

as canas
canes

a tesoura de jardim
shears

o crivo
sieve

o pesticida
pesticide

o vaso
plant pot

a serra manual
handsaw

as botas de borracha
rubber boots

a rega • watering

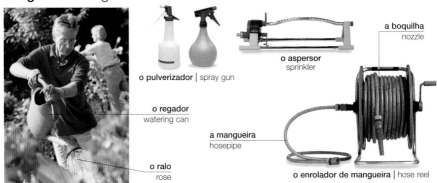

o pulverizador | spray gun

o aspersor
sprinkler

a boquilha
nozzle

o regador
watering can

a mangueira
hosepipe

o ralo
rose

o enrolador de mangueira | hose reel

a jardinagem • gardening

a relva
lawn

o canteiro
de flores
flowerbed

a máquina
de cortar
relva
lawnmower

a sebe
hedge

a estaca
stake

cortar a relva (v) | mow (v)

cobrir de relva (v)
turf (v)

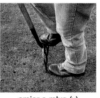

arejar a relva (v)
spike (v)

**raspar com a
vassoura de relva (v)**
rake (v)

podar (v)
trim (v)

cavar (v)
dig (v)

semear (v)
sow (v)

adubar à superfície (v)
top dress (v)

regar (v)
water (v)

a cana
cane

guiar (v)
train (v)

tirar as flores mortas (v)
deadhead (v)

pulverizar (v)
spray (v)

enxertar (v)
graft (v)

a estaca
cutting

propagar (v)
propagate (v)

podar (v)
prune (v)

estacar (v)
stake (v)

transplantar (v)
transplant (v)

mondar (v)
weed (v)

cobrir a terra (v)
mulch (v)

colher (v)
harvest (v)

vocabulário • vocabulary

cultivar (v) cultivate (v)	**desenhar (v)** landscape (v)	**fertilizar (v)** fertilize (v)	**peneirar (v)** sieve (v)	**orgânico** organic	**a plântula** seedling	**o subsolo** subsoil
cuidar (v) tend (v)	**mudar de vaso (v)** pot up (v)	**apanhar (v)** pick (v)	**arejar (v)** aerate (v)	**a drenagem** drainage	**o adubo** fertilizer	**o herbicida** weedkiller

os serviços
services

os serviços de emergência • emergency services

a ambulância • ambulance

a ambulância | ambulance

a maca
stretcher

o paramédico | paramedic

a polícia • police

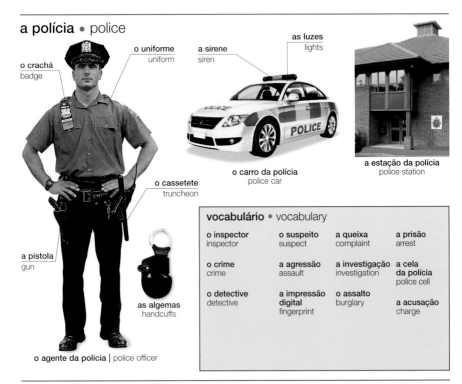

o crachá
badge

o uniforme
uniform

a sirene
siren

as luzes
lights

o carro da polícia
police car

a estação da polícia
police station

o cassetete
truncheon

a pistola
gun

as algemas
handcuffs

o agente da polícia | police officer

vocabulário • vocabulary

o inspector inspector	o suspeito suspect	a queixa complaint	a prisão arrest
o crime crime	a agressão assault	a investigação investigation	a cela da polícia police cell
o detective detective	a impressão digital fingerprint	o assalto burglary	a acusação charge

os bombeiros • fire brigade

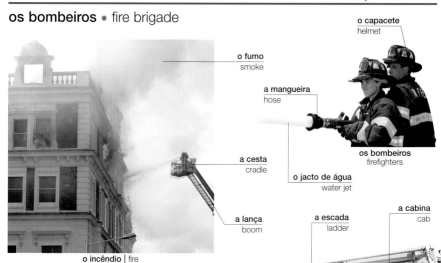

o capacete
helmet

o fumo
smoke

a mangueira
hose

os bombeiros
firefighters

a cesta
cradle

o jacto de água
water jet

a cabina
cab

a escada
ladder

a lança
boom

o incêndio | fire

o quartel dos bombeiros
fire station

a saída de emergência
fire escape

o camião dos bombeiros
fire engine

o detector de fumo
smoke alarm

o alarme
de incêndio
fire alarm

o machado
axe

o extintor de
incêndio
fire extinguisher

a boca-de-incêndio
hydrant

Preciso da polícia/dos bombeiros/de uma ambulância. I need the police/fire brigade/ ambulance.	**Há um incêndio em…** There's a fire at …	**Houve um acidente.** There's been an accident.	**Chame a polícia!** Call the police!

o banco • bank

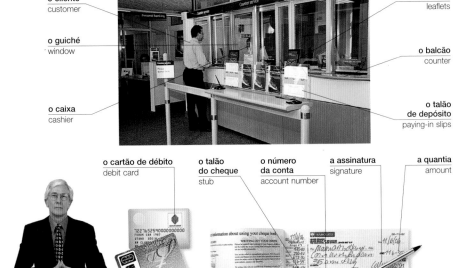

o cliente
customer

o guiché
window

o caixa
cashier

os folhetos
leaflets

o balcão
counter

o talão
de depósito
paying-in slips

o cartão de débito
debit card

o talão
do cheque
stub

o número
da conta
account number

a assinatura
signature

a quantia
amount

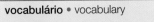

o gerente do banco
bank manager

o cartão de crédito
credit card

o livro de cheques
chequebook

o cheque
cheque

---

vocabulário • vocabulary

as poupanças savings	a hipoteca mortgage	o pagamento payment	depositar (v) pay in (v)	a conta corrente current account
o imposto tax	o descoberto overdraft	o débito directo direct debit	o encargo bancário bank charge	a conta de poupança savings account
o empréstimo loan	a taxa de juro interest rate	o talão de levantamento withdrawal slip	a transferência bancária bank transfer	o número do código secreto PIN

a moeda
coin

a nota
note

o dinheiro
money

o ecrã
screen

a ranhura
do cartão
card slot

o teclado
keypad

o caixa automático
ATM

as divisas • foreign currency

o serviço de câmbio
bureau de change

o cheque de viagem
traveller's cheque

a taxa de câmbio
exchange rate

as finanças • finance

a cotação
das acções
share price

o corretor
da bolsa
stockbroker

a assessora financeira
financial advisor

a bolsa de valores
stock exchange

vocabulário • vocabulary

levantar (v) cash (v)	as acções shares
a divisa denomination	os dividendos dividends
a comissão commission	o contabilista accountant
o investimento investment	a carteira portfolio
os títulos stocks	os capitais próprios equity

Posso cambiar isto, por favor?
Can I change this please?

Qual é a taxa de câmbio de hoje?
What's today's exchange rate?

as comunicações • communications

o empregado
dos correios
postal worker

o guiché
window

a balança
scales

o balcão
counter

os correios | post office

o carimbo postal
postmark

o selo
stamp

a morada
address

o código postal
postcode

o carteiro
postman

o envelope | envelope

vocabulário • vocabulary

a carta letter	**a morada** **do remetente** return address	**a entrega** delivery	**frágil** fragile	**não dobrar (v)** do not bend (v)
por avião by airmail	**a assinatura** signature	**o vale postal** postal order	**o saco** **do correio** mailbag	**para cima** this way up
correio registado registered post	**a recolha** collection	**a franquia** postage	**o telegrama** telegram	

o marco de correio
postbox

a caixa de correio
letterbox

a encomenda
parcel

o mensageiro
courier

o telefone • telephone

o auscultador
handset

o gravador de chamadas
answering machine

o videotelefone
video phone

a cabina telefónica
telephone box

a base
base station

o telefone sem fios
cordless phone

o teclado
keypad

o auricular
receiver

as moedas devolvidas
coin return

o smartphone
smartphone

o telemóvel
mobile phone

o telefone público
payphone

---

vocabulário • vocabulary

o serviço de informações directory enquiries	**atender (v)** answer (v)	**ocupado** engaged/busy
a chamada paga no destino reverse charge call	**a mensagem** text (SMS)	**desligado** disconnected
	a mensagem de voz voice message	**a app** app
marcar (v) dial (v)	**o telefonista** operator	**a senha** passcode

Poderia dar-me o número de...?
Can you give me the number for ...?

Qual é o indicativo para...?
What is the dialling code for ...?

Envia-me uma mensagem!
Text me!

o hotel • hotel
o lóbi • lobby

as mensagens
messages

o hóspede
guest

a chave do quarto
room key

o cacifo
pigeonhole

a recepcionista
receptionist

o livro de
registo
register

o balcão
counter

a recepção | reception

a bagagem
luggage

o carrinho
trolley

o porteiro | porter

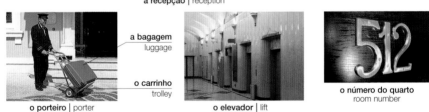

o elevador | lift

o número do quarto
room number

os quartos • rooms

o quarto individual
single room

o quarto duplo
double room

o quarto com duas camas
twin room

a casa de
banho privativa
private bathroom

os serviços • services

o serviço de limpeza
maid service

o serviço de lavandaria
laundry service

a bandeja do pequeno-almoço
breakfast tray

o serviço de quarto | room service

o minibar
minibar

o restaurante
restaurant

o ginásio
gym

a piscina
swimming pool

vocabulário • vocabulary

o quarto com pequeno-almoço
bed and breakfast

a pensão completa
full board

a meia pensão
half board

Tem quartos livres?
Do you have any vacancies?

Tenho uma reserva.
I have a reservation.

Queria um quarto individual.
I'd like a single room.

Queria um quarto para três noites.
I'd like a room for three nights.

Quanto é a diária?
What is the charge per night?

A que horas tenho que sair do quarto?
When do I have to vacate the room?

as compras
shopping

o centro comercial • shopping centre

o átrio
atrium

o segundo andar
second floor

o primeiro andar
first floor

o sinal
sign

as escadas rolantes
escalator

o elevador
lift

o rés-do-chão
ground floor

o cliente
customer

vocabulário • vocabulary

a secção de criança
children's department

a planta do centro
store directory

as cabinas de prova
changing rooms

Quanto custa isto?
How much is this?

a secção de bagagens
luggage department

o empregado
sales assistant

o fraldário
baby changing facilities

Posso trocar isto?
May I exchange this?

a secção de sapataria
shoe department

os serviços de atendimento ao cliente
customer services

as casas de banho
toilets

os grandes armazéns • department store

a roupa de homem
menswear

a roupa de senhora
womenswear

a lingerie
lingerie

a perfumaria
perfumery

os produtos de beleza
beauty

os têxteis para o lar
linen

**as mobílias
e a decoração**
home furnishings

a retrosaria
haberdashery

**o equipamento
de cozinha**
kitchenware

a loiça
china

os aparelhos eléctricos
electrical goods

a iluminação
lighting

os artigos desportivos
sports

os brinquedos
toys

os artigos de escritório
stationery

o supermercado
food hall

o **supermercado** • supermarket

a correia transportadora
conveyer belt

o caixa
cashier

as ofertas
offers

o corredor
aisle

a prateleira
shelf

a caixa | checkout

o cliente
customer

a caixa
registadora
till

o saco
de compras
shopping bag

as mercearias
groceries

a pega
handle

780863 185779

o código de barras
bar code

o carrinho | trolley

o cesto | basket

o scanner | scanner

a padaria
bakery

os lacticínios
dairy

os cereais
cereals

as conservas
tinned food

a confeitaria
confectionery

os legumes
vegetables

a fruta
fruit

a carne e as aves
meat and poultry

o peixe
fish

a charcutaria
deli

os congelados
frozen food

a comida pronta
convenience food

as bebidas
drinks

**os produtos
de limpeza**
household products

**os artigos de
higiene pessoal**
toiletries

**os artigos
para bebé**
baby products

**os
electrodomésticos**
electrical goods

**a comida
para animais**
pet food

as revistas | magazines

a farmácia • chemist

os cuidados dentários
dental care

a higiene feminina
feminine hygiene

os desodorizantes
deodorants

as vitaminas
vitamins

o dispensário
dispensary

o farmacêutico
pharmacist

o xarope para a tosse
cough medicine

os medicamentos fitoterápicos
herbal remedies

os cuidados da pele
skin care

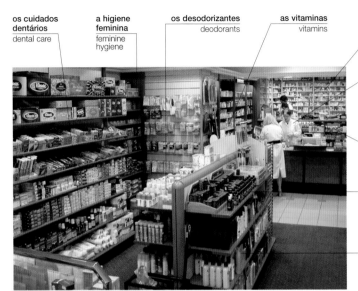

o creme pós-solar
aftersun

o protector solar
sunscreen

o creme protector total
sunblock

o repelente de insectos
insect repellent

a toalhita húmida
wet wipe

o lenço de papel
tissue

o penso higiénico
sanitary towel

o tampão
tampon

o protege-slip
panty liner

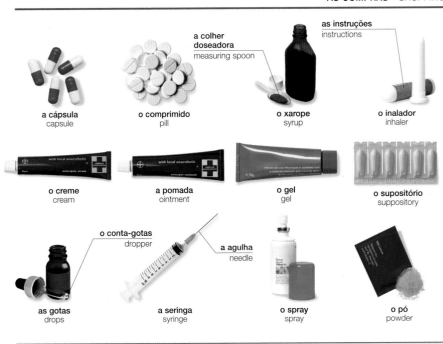

a colher
doseadora
measuring spoon

as instruções
instructions

a cápsula
capsule

o comprimido
pill

o xarope
syrup

o inalador
inhaler

o creme
cream

a pomada
ointment

o gel
gel

o supositório
suppository

o conta-gotas
dropper

a agulha
needle

as gotas
drops

a seringa
syringe

o spray
spray

o pó
powder

vocabulário • vocabulary

o ferro iron	a insulina insulin	descartável disposable	o medicamento medicine	o analgésico painkiller
o cálcio calcium	os efeitos secundários side effects	solúvel soluble	o laxativo laxative	o sedativo sedative
o magnésio magnesium	o prazo de validade expiry date	a dose dosage	a diarreia diarrhoea	o comprimido para dormir sleeping pill
as multivitaminas multivitamins	os comprimidos para o enjoo travel-sickness pills	a medicação medication	a pastilha para a garganta throat lozenge	o anti-inflamatório anti-inflammatory

a florista • florist

as flores
flowers

o gladíolo
gladiolus

o lírio
lily

a íris
iris

a acácia
acacia

a margarida
daisy

o crisântemo
chrysanthemum

o cravo
carnation

a gipsófila
gypsophila

a planta de vaso
pot plant

o goivo
stocks

a gerbera
gerbera

a folhagem
foliage

a rosa
rose

a frésia
freesia

a jarra
vase

a orquídea
orchid

a peónia
peony

o ramo
bunch

o pé
stem

o narciso
daffodil

o rebento
bud

o embrulho
wrapping

a túlipa | tulip

os arranjos • arrangements

a fita
ribbon

o buquê
bouquet

as flores secas
dried flowers

o pot-pourri | potpourri

a coroa | wreath

a grinalda
garland

Posso juntar uma mensagem? Can I attach a message?	**Quanto tempo durarão estas?** How long will these last?
São perfumadas? Are they fragrant?	**Pode enviá-las para...?** Can you send them to …?
Podia embrulhar-mas? Can I have them wrapped?	**Podia dar-me um ramo de... por favor?** Can I have a bunch of… please.

o **vendedor de jornais** • newsagent

os cigarros
cigarettes

o maço de cigarros
packet of cigarettes

os selos
stamps

o bilhete postal
postcard

a revista de
banda desenhada
comic

a **revista**
magazine

o **jornal**
newspaper

fumar • smoking

o **tabaco**
tobacco

o **isqueiro**
lighter

a haste
stem

o fornilho
bowl

o **cachimbo**
pipe

o **charuto**
cigar

o **vendedor de doces** • confectioner

a caixa de chocolates
box of chocolates

a barrita
de snack
snack bar

as batatas
fritas de pacote
crisps

a **loja de doces** | sweet shop

os **doces** • confectionery

o chocolate
chocolate

a tablete de chocolate
chocolate bar

os rebuçados
sweets

o chupa-chupa
lollipop

o caramelo | toffee

o torrão | nougat

a goma marshmallow
marshmallow

o rebuçado de menta
mint

a pastilha elástica
chewing gum

**as gomas em
forma de feijão**
jellybean

as gomas de fruta
fruit gum

o alcaçuz
liquorice

as outras lojas • other shops

a padaria
baker's

a confeitaria
cake shop

o talho
butcher's

a peixaria
fishmonger's

**a loja de frutas
e legumes**
greengrocer's

a mercearia
grocer's

a sapataria
shoe shop

a loja de ferragens
hardware shop

a loja de antiguidades
antique shop

**a loja de artigos
de oferta**
gift shop

a agência de viagens
travel agent's

a joalharia
jeweller's

a livraria
book shop

a loja de discos
record shop

**a loja de
bebidas alcoólicas**
off licence

**a loja de animais
de estimação**
pet shop

a loja de mobílias
furniture shop

a boutique
boutique

vocabulário • vocabulary

o agente imobiliário
estate agent's

**o centro de
jardinagem**
garden centre

a tinturaria
dry cleaner's

**a lavandaria
automática**
launderette

**a loja de artigos
fotográficos**
camera shop

**a loja de
produtos naturais**
health food shop

a loja de materiais de arte
art shop

a loja de artigos usados
second-hand shop

o alfaiate
tailor's

o cabeleireiro
hairdresser's

o mercado | market

os alimentos
food

a carne • meat

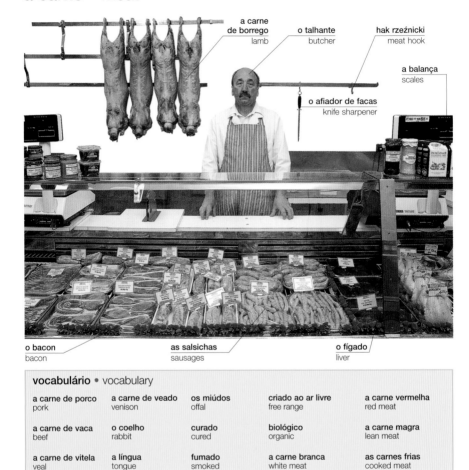

a carne de borrego
lamb

o talhante
butcher

hak rzeźnicki
meat hook

a balança
scales

o afiador de facas
knife sharpener

o bacon
bacon

as salsichas
sausages

o fígado
liver

vocabulário • vocabulary

a carne de porco pork	a carne de veado venison	os miúdos offal	criado ao ar livre free range	a carne vermelha red meat
a carne de vaca beef	o coelho rabbit	curado cured	biológico organic	a carne magra lean meat
a carne de vitela veal	a língua tongue	fumado smoked	a carne branca white meat	as carnes frias cooked meat

os cortes de carne • cuts

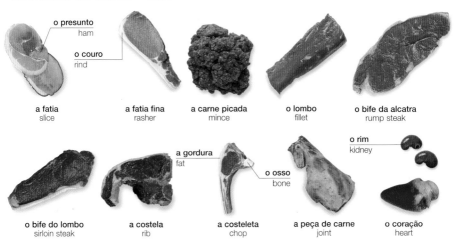

a fatia
slice

o presunto
ham

o couro
rind

a fatia fina
rasher

a carne picada
mince

o lombo
fillet

o bife da alcatra
rump steak

o bife do lombo
sirloin steak

a costela
rib

a gordura
fat

o osso
bone

a costeleta
chop

a peça de carne
joint

o rim
kidney

o coração
heart

a carne de aves • poultry

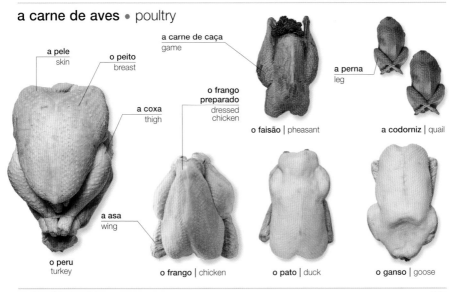

a pele
skin

o peito
breast

a coxa
thigh

a carne de caça
game

o frango
preparado
dressed
chicken

a perna
leg

o faisão | pheasant

a codorniz | quail

a asa
wing

o peru
turkey

o frango | chicken

o pato | duck

o ganso | goose

o peixe • fish

as gambas peladas
peeled prawns

o salmonete
red mullet

os filetes de alabote
halibut fillets

a truta arco-íris
rainbow trout

o gelo
ice

as abas de raia
skate wings

a peixaria
fishmonger's

o tamboril
monkfish

a cavala
mackerel

a truta
trout

o peixe-espada
swordfish

o linguado
Dover sole

a solha-limão
lemon sole

a arinca
haddock

a sardinha
sardine

a raia
skate

o badejo
whiting

o robalo
sea bass

o salmão | salmon

o bacalhau
cod

o pargo
sea bream

o atum
tuna

os mariscos • seafood

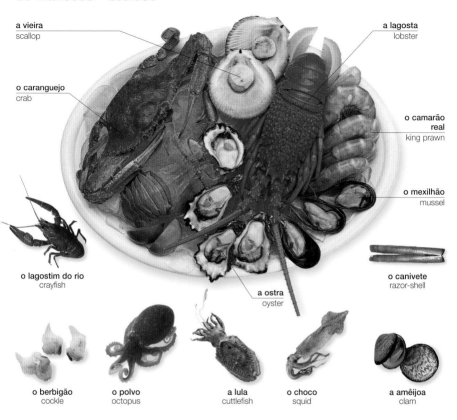

a vieira
scallop

a lagosta
lobster

o caranguejo
crab

o camarão real
king prawn

o mexilhão
mussel

o lagostim do rio
crayfish

o canivete
razor-shell

a ostra
oyster

o berbigão
cockle

o polvo
octopus

a lula
cuttlefish

o choco
squid

a amêijoa
clam

---

vocabulário • vocabulary

congelado frozen	**limpo** cleaned	**fumado** smoked	**escamado** descaled	**filete** fillet	**o lombo** loin	**a cauda** tail	**a espinha** bone	**a escama** scale
fresco fresh	**salgado** salted	**sem pele** skinned	**sem espinhas** boned	**em filetes** filleted	**a posta** steak	**Pode limpar-mo?** Will you clean it for me?		

os legumes 1 • vegetables 1

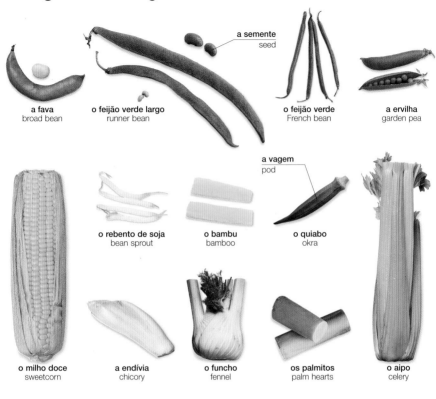

a semente
seed

a fava
broad bean

o feijão verde largo
runner bean

o feijão verde
French bean

a ervilha
garden pea

o rebento de soja
bean sprout

o bambu
bamboo

a vagem
pod

o quiabo
okra

o milho doce
sweetcorn

a endívia
chicory

o funcho
fennel

os palmitos
palm hearts

o aipo
celery

---

vocabulário • vocabulary

a folha leaf	**a flor** floret	**a ponta** tip	**biológico** organic	**Vende legumes biológicos?** Do you sell organic vegetables?
o caule stalk	**a amêndoa** kernel	**o centro** heart	**o saco plástico** plastic bag	**São produtos locais?** Are these grown locally?

a rúcula
rocket

o agrião
watercress

a couve roxa
radicchio

a couve-de-bruxelas
Brussels sprout

a acelga
Swiss chard

a couve frisada
kale

a azeda
sorrel

a endívia
endive

o dente-de-leão
dandelion

o espinafre
spinach

a couve-rábano
kohlrabi

a couve chinesa
pak-choi

a alface
lettuce

os brócolos
broccoli

a couve
cabbage

a couve penca
spring greens

os legumes 2 • vegetables 2

o nabo
turnip

a alcachofra
artichoke

o rabanete
radish

a couve-flor
cauliflower

os espargos
asparagus

a batata
potato

a abóbora
-menina
marrow

a cebola
onion

o pimento
pepper

a malagueta
chilli

o milho-doce
sweetcorn

vocabulário • vocabulary

o tomate cereja cherry tomato	**o aipo-rábano** celeriac	**congelado** frozen	**amargo** bitter	**Pode dar-me um quilo de batatas, por favor?** Can I have one kilo of potatoes please?
a cenoura carrot	**a raiz de taro** taro root	**cru** raw	**firme** firm	
a fruta-pão breadfruit	**a mandioca** cassava	**picante** hot (spicy)	**a polpa** flesh	**Quanto é o quilo?** What's the price per kilo?
a batata nova new potato	**a castanha-de-água** water chestnut	**doce** sweet	**a raiz** root	**Como se chamam esses?** What are those called?

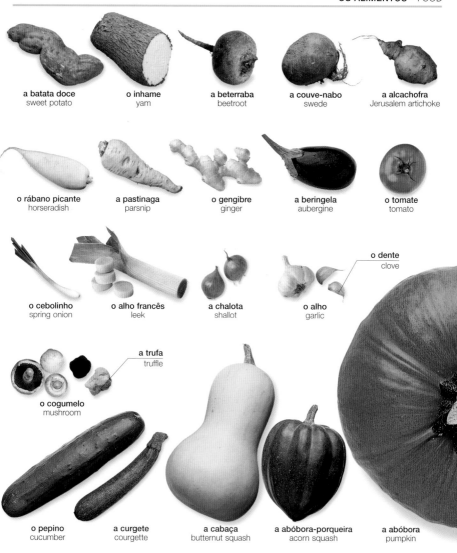

a batata doce
sweet potato

o inhame
yam

a beterraba
beetroot

a couve-nabo
swede

a alcachofra
Jerusalem artichoke

o rábano picante
horseradish

a pastinaga
parsnip

o gengibre
ginger

a beringela
aubergine

o tomate
tomato

o cebolinho
spring onion

o alho francês
leek

a chalota
shallot

o alho
garlic

o dente
clove

a trufa
truffle

o cogumelo
mushroom

o pepino
cucumber

a curgete
courgette

a cabaça
butternut squash

a abóbora-porqueira
acorn squash

a abóbora
pumpkin

a fruta 1 • fruit 1

os citrinos • citrus fruit

a laranja
orange

a clementina
clementine

a pele
pith

o ugli
ugli friut

a toranja
grapefruit

o gomo
segment

a tangerina
tangerine

a satsuma
satsuma

a casca
zest

a lima
lime

o limão
lemon

o kumquat
kumquat

a fruta com caroço • stone fruit

o pêssego
peach

a nectarina
nectarine

o alperce
apricot

a ameixa
plum

a cereja
cherry

a maçã
apple

a pêra
pear

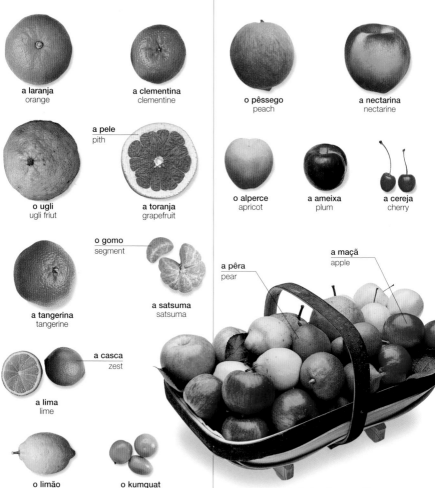

o cesto de fruta | basket of fruit

as bagas e os melões • berries and melons

o morango
strawberry

a framboesa
raspberry

o melão
melon

a uva
grapes

a amora
blackberry

a groselha vermelha
redcurrant

a casca
rind

a uva-dos-montes
cranberry

a groselha negra
blackcurrant

a semente
seed

a polpa
flesh

o mirtilo
blueberry

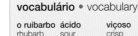
a groselha branca
white currant

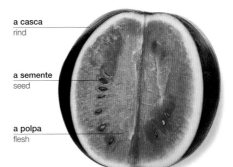
a melancia
watermelon

a framboesa silvestre
loganberry

a groselha-espim
gooseberry

vocabulário • vocabulary

o ruibarbo rhubarb	**ácido** sour	**viçoso** crisp	**o sumo** juice	**Estão maduros?** Are they ripe?
a fibra fibre	**fresco** fresh	**podre** rotten	**o coração** core	**Posso provar um?** Can I try one?
doce sweet	**sumarento** juicy	**a polpa** pulp	**sem grainhas** seedless	**Quanto tempo durarão?** How long will they keep?

a fruta 2 • fruit 2

a manga
mango

o ananás
pineapple

o abacate
avocado

a papaia
papaya

o pêssego
peach

a líchia
lychee

o kiwi
kiwifruit

o alquequenje
cape gooseberry

a pevide
pip

a casca
skin

o marmelo
quince

o maracujá
passion fruit

a banana
banana

a goiaba
guava

a romã
pomegranate

o dióspiro
persimmon

a feijoa
feijoa

o figo da Índia
prickly pear

a carambola
starfruit

o tamarillo
tamarillo

os frutos secos • nuts and dried fruit

o pinhão
pine nut

o pistácio
pistachio

o caju
cashew nut

o amendoim
peanut

a avelã
hazelnut

a castanha-do-pará
brazil nut

a noz pecan
pecan

a amêndoa
almond

a noz
walnut

a castanha
chestnut

a macadâmia
macadamia

o figo
fig

a tâmara
date

a ameixa seca
prune

a casca
shell

a sultana
sultana

a passa
raisin

a passa de Corinto
currant

a polpa
flesh

o coco
coconut

---

vocabulário • vocabulary

verde green	**duro** hard	**a amêndoa** kernel	**salgado** salted	**torrado** roasted	**pelado** shelled	**a fruta cristalizada** candied fruit
maduro ripe	**mole** soft	**desidratado** desiccated	**cru** raw	**da estação** seasonal	**inteiro** whole	**a fruta tropical** tropical fruit

os grãos e as leguminosas • grains and pulses

os grãos • grains

o trigo
wheat

a aveia
oats

a cevada
barley

o milho-miúdo
millet

o milho
corn

a quinoa
quinoa

vocabulário • vocabulary

a semente seed	perfumado fragranced	de fácil cozedura easy cook
a casca husk	o cereal cereal	de grãos longos long-grain
o grão kernel	integral wholegrain	
seco dry	pôr de molho (v) soak (v)	de grãos curtos short-grain
fresco fresh		

o arroz • rice

o arroz branco
white rice

o arroz integral
brown rice

o arroz selvagem
wild rice

o arroz para doce
pudding rice

os grãos processados • processed grains

o cuscuz
couscous

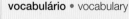
o trigo partido
cracked wheat

a sémola
semolina

o farelo
bran

os feijões e as ervilhas • pulses

o feijão manteiga
butter beans

o feijão branco miúdo
haricot beans

o feijão encarnado
red kidney beans

o feijão aduki
adzuki beans

as favas
broad beans

o grão de soja
soya beans

o feijão frade
black-eyed beans

o feijão pinto
pinto beans

o feijão mung
mung beans

o feijão branco
flageolet beans

a lentilha castanha
brown lentils

a lentilha vermelha
red lentils

as ervilhas
green peas

os grãos de bico
chickpeas

as ervilhas secas
split peas

as sementes • seeds

a semente de abóbora
pumpkin seed

a semente de mostarda
mustard seed

a alcaravia
caraway

a semente de sésamo
sesame seed

a semente de girassol
sunflower seed

as ervas aromáticas e as especiarias • herbs and spices

as especiarias • spices

a baunilha | vanilla

a noz mozcada
nutmeg

o macis
mace

a curcuma
turmeric

os cominhos
cumin

o ramo aromático
bouquet garni

**a pimenta
da Jamaica**
allspice

a pimenta em grão
peppercorn

o fenacho
fenugreek

o piri-piri
chilli

inteiro
whole

esmagado
crushed

o açafrão
saffron

o cardamomo
cardamom

o pó de caril
curry powder

moído
ground

o colorau
paprika

laminado
flakes

o alho
garlic

português • english

as ervas aromáticas • herbs

os paus
de canela
sticks

a canela
cinnamon

a citronela
lemon grass

os cravinhos
cloves

o anis estrelado
star anise

o gengibre
ginger

o funcho
fennel

as sementes
de funcho
fennel seeds

a folha de louro
bay leaf

a salsa
parsley

a cebolinha
chives

a hortelã
mint

o tomilho
thyme

a salva
sage

o estragão
tarragon

a manjerona
marjoram

o basílico
basil

os orégãos
oregano

o coentro
coriander

o endro
dill

o rosmaninho
rosemary

os alimentos engarrafados •
bottled foods

o óleo
de nozes
walnut oil

o óleo
de grainhas
de uva
grapeseed oil

a rolha
cork

o óleo
de girassol
sunflower oil

o óleo de
amêndoas
almond oil

o óleo de
sésamo
sesame
seed oil

o óleo
de avelãs
hazelnut oil

o azeite
olive oil

as ervas
aromáticas
herbs

o óleo
aromatizado
flavoured oil

os óleos
oils

os doces para barrar • sweet spreads

o boião
jar

o favo de mel
honeycomb

o mel cremoso
set honey

o creme de limão
lemon curd

a compota
de framboesa
raspberry jam

o doce de laranja
marmalade

o mel líquido
clear honey

o xarope
de ácer
maple syrup

os molhos e os condimentos •
sauces and condiments

a maionese
mayonnaise

o vinagre
de sidra
cider vinegar

o vinagre
balsâmico
balsamic vinegar

o frasco
bottle

a mostarda inglesa
English mustard

o ketchup
ketchup

o chutney
chutney

o vinagre de malte
malt vinegar

o vinagre de vinho
wine vinegar

o vinagre
vinegar

**a mostarda
francesa**
French mustard

o molho
sauce

**a mostarda
em grão**
wholegrain mustard

---

o boião hermético
preserving jar

**a manteiga
de amendoim**
peanut butter

**o chocolate
de barrar**
chocolate spread

a fruta em conserva
preserved fruit

vocabulário • vocabulary

o óleo de milho
corn oil

o óleo de colza
rapeseed oil

o óleo de
amendoim
groundnut oil

o óleo
extraído a frio
cold-pressed oil

o óleo vegetal
vegetable oil

---

os lacticínios • dairy produce

o queijo • cheese

o queijo ralado
grated cheese

a casca
rind

o queijo semicurado
semi-hard cheese

o queijo curado
hard cheese

o queijo semicremoso
semi-soft cheese

o requeijão
cottage
cheese

o queijo creme
cream cheese

o queijo azul
blue cheese

o queijo cremoso
soft cheese

o queijo fresco | fresh cheese

o leite • milk

o leite
gordo
whole milk

o leite meio gordo
semi-skimmed milk

o leite magro
skimmed milk

o pacote
de leite
milk carton

o leite de vaca | cow's milk

o leite de cabra
goat's milk

o leite
condensado
condensed milk

a manteiga
butter

a margarina
margarine

a nata
cream

a nata líquida
single cream

a nata gorda
double cream

a nata batida
whipped cream

a nata azeda
sour cream

o iogurte
yoghurt

o gelado
ice cream

OS OVOS • eggs

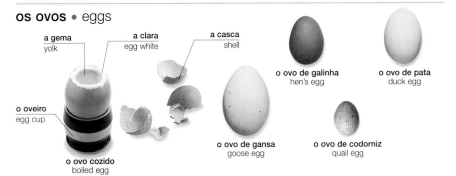

a gema
yolk

a clara
egg white

a casca
shell

o ovo de galinha
hen's egg

o ovo de pata
duck egg

o oveiro
egg cup

o ovo de gansa
goose egg

o ovo de codorniz
quail egg

o ovo cozido
boiled egg

vocabulário • vocabulary

pasteurizado pasteurized	**o batido de leite** milkshake	**com sal** salted	**o leite de ovelha** sheep's milk	**a lactose** lactose	**homogeneizado** homogenized
não pasteurizado unpasteurized	**o iogurte congelado** frozen yoghurt	**sem sal** unsalted	**o soro do leite** buttermilk	**sem gordura** fat free	**o leite em pó** powdered milk

os pães e as farinhas • breads and flours

o pão fatiado
sliced bread

as sementes de papoila
poppy seeds

o pão de centeio
rye bread

a baguete
baguette

a padaria | bakery

fazendo pão • making bread

a farinha branca
white flour

a farinha com farelo
brown flour

a farinha integral
wholemeal flour

o fermento
yeast

peneirar (v) | sift (v)

misturar (v) | mix (v)

a massa
dough

amassar (v) | knead (v)

cozer no forno (v) | bake (v)

a crosta
crust

o pão de forma
loaf

a fatia
slice

o pão branco
white bread

o pão escuro
brown bread

o pão integral
wholemeal bread

o pão granary
granary bread

o pão de milho
corn bread

o pão com bicarbonato de soda
soda bread

o pão fermentado
sourdough bread

o pão sem levedura
flatbread

o bagel
bagel

o pãozinho de leite
bap

o pãozinho
roll

o pão de fruta
fruit bread

o pão com sementes
seeded bread

o pão naan
naan bread

o pão pitta
pitta bread

o cracker
crispbread

vocabulário • vocabulary

a farinha para pão strong flour	**subir (v)** rise (v)	**levedar (v)** prove (v)	**o pão ralado** breadcrumbs	**o fatiador** slicer
a farinha com fermento self-raising flour	**a farinha sem fermento** plain flour	**pôr cobertura (v)** glaze (v)	**o entalhe** flute	**o padeiro** baker

os bolos e as sobremesas • cakes and desserts

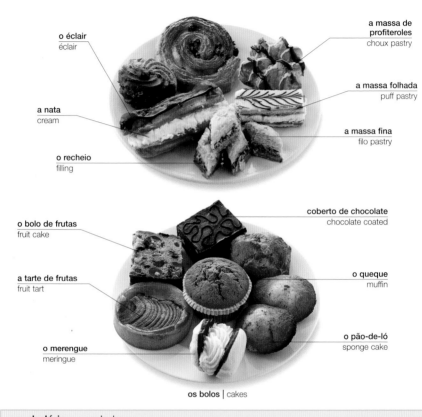

o éclair
éclair

a massa de profiteroles
choux pastry

a massa folhada
puff pastry

a nata
cream

a massa fina
filo pastry

o recheio
filling

coberto de chocolate
chocolate coated

o bolo de frutas
fruit cake

a tarte de frutas
fruit tart

o queque
muffin

o merengue
meringue

o pão-de-ló
sponge cake

os bolos | cakes

vocabulário • vocabulary

o creme pasteleiro crème pâtissière	**o pãozinho doce** bun	**a massa** pastry	**o arroz doce** rice pudding	**Pode dar-me uma fatia por favor?** May I have a slice please?
o bolo de chocolate chocolate cake	**o creme** custard	**a fatia** slice	**a celebração** celebration	

a pepita de chocolate
chocolate chip

os biscoitos de champanhe
sponge fingers

a florentina
Florentine

o pavê
trifle

as bolachas | biscuits

a mousse
mousse

o sorvete
sorbet

a tarte de natas
cream pie

o pudim flan
crème caramel

os bolos para celebrações • celebration cakes

a camada de cima
top tier

a fita
ribbon

a camada de baixo
bottom tier

a cobertura
icing

o maçapão
marzipan

a decoração
decoration

as velas de aniversário
birthday candles

soprar (v)
blow out (v)

o bolo de casamento | wedding cake

o bolo de aniversário | birthday cake

a charcutaria • delicatessen

o enchido picante
spicy sausage

a quiche
flan

o vinagre
vinegar

o óleo
oil

a carne fresca
uncooked meat

o balcão
counter

o pâté
pâté

o salame
salami

o pepperoni
pepperoni

o mozarella
mozzarella

o brie
Brie

o queijo de cabra
goat's cheese

o cheddar
cheddar

o parmesão
Parmesan

o camembert
Camembert

a casca
rind

o flamengo
Edam

o manchego
Manchego

as tartes
pies

a azeitona preta
black olive

a malagueta
chilli

o molho
sauce

o paposseco
bread roll

as carnes frias
cooked meat

a azeitona verde
green olive

o balcão de sanduíches | sandwich counter

o presunto
ham

o peixe fumado
smoked fish

as alcaparras
capers

o chouriço
chorizo

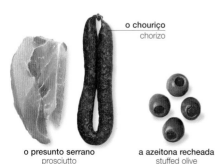

o presunto serrano
prosciutto

a azeitona recheada
stuffed olive

vocabulário • vocabulary

em óleo	marinado	fumado
in oil	marinated	smoked

em salmoura	salgado	curado
in brine	salted	cured

Tire uma senha numerada por favor.
Take a number please.

Posso provar um pouco disto por favor?
Can I try some of that please?

Podia dar-me seis fatias desse?
May I have six slices of that please?

as bebidas • drinks

a água • water

a água
engarrafada
bottled water

com gás
sparkling

sem gás
still

á água da torneira
tap water

a água tónica
tonic water

a água gasosa
soda water

a água mineral | mineral water

as bebidas quentes •
hot drinks

o pacote
de chá
teabag

o chá
em folha
loose leaf tea

o chá
tea

os grãos
beans

o café moído
ground coffee

o café
coffee

o chocolate quente
hot chocolate

a bebida maltada
malted drink

os refrescos • soft drinks

a palhinha
straw

o sumo de tomate
tomato juice

o sumo de uva
grape juice

a limonada
lemonade

a laranjada
orangeade

a cola
cola

as bebidas alcoólicas • alcoholic drinks

o gin
gin

a lata
can

a cerveja
beer

a sidra
cider

a cerveja amarga
bitter

a cerveja preta
stout

a vodka
vodka

o whisky
whisky

o rum
rum

o brandy
brandy

o porto
port

seco
dry

o xerez
sherry

o campari
Campari

rosé
rosé

branco
white

tinto
red

o licor
liqueur

a tequila
tequila

o champanhe
champagne

o vinho
wine

comer fora
eating out

o café • café

a ementa
menu

o toldo
awning

o café com mesas fora | pavement café

o guarda-sol
umbrella

o café de esplanada
terrace café

o
empregado
waiter

a máquina
do café
coffee machine

a mesa
table

o snack-bar | snack bar

o café • coffee

o café
com leite
white coffee

o café
black coffee

o cacau em pó
cocoa powder

a espuma
froth

o café de filtro
filter coffee

a bica
espresso

o cappuccino
cappuccino

o café com gelo
iced coffee

o chá • tea

o chá
de infusão
herbal tea

o chá de camomila
camomile tea

o chá verde
green tea

o chá com leite
tea with milk

o chá preto
black tea

o chá com limão
tea with lemon

o chá de hortelã
mint tea

o iced tea
iced tea

---

os sumos e os batidos •
juices and milkshakes

o batido de chocolate
chocolate milkshake

**o batido
de morango**
strawberry
milkshake

o batido de café
coffee milkshake

**o sumo
de laranja**
orange juice

**o sumo
de maçã**
apple juice

**o sumo
de ananás**
pineapple juice

**o sumo
de tomate**
tomato juice

---

a comida • food

a bola
scoop

o pão escuro
brown bread

a sanduíche torrada
toasted sandwich

a salada
salad

o gelado
ice cream

o folhado
pastry

---

o bar • bar

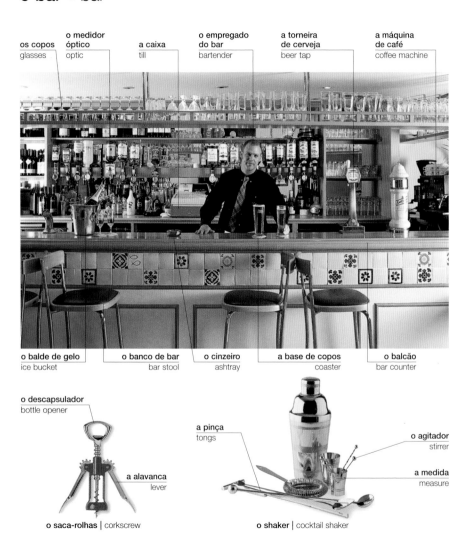

os copos | glasses

o medidor óptico | optic

a caixa | till

o empregado do bar | bartender

a torneira de cerveja | beer tap

a máquina de café | coffee machine

o balde de gelo | ice bucket

o banco de bar | bar stool

o cinzeiro | ashtray

a base de copos | coaster

o balcão | bar counter

o descapsulador | bottle opener

a alavanca | lever

o saca-rolhas | corkscrew

a pinça | tongs

o agitador | stirrer

a medida | measure

o shaker | cocktail shaker

o jarro
pitcher

o cubo de gelo
ice cube

o gin tónico
gin and tonic

o whisky escocês com
água
scotch and water

o rum com cola
rum and cola

a vodka com laranja
vodka and orange

o martini
martini

o cocktail
cocktail

o vinho
wine

a cerveja
beer

duplo
double

simples
single

gelo e limão
ice and lemon

um shot
a shot

uma medida
measure

sem gelo
without ice

com gelo
with ice

os aperitivos • bar snacks

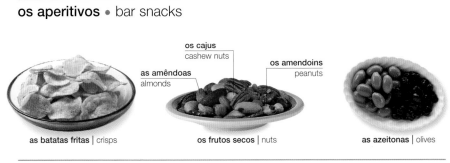

os cajus
cashew nuts

as amêndoas
almonds

os amendoins
peanuts

as batatas fritas | crisps

os frutos secos | nuts

as azeitonas | olives

o restaurante • restaurant

o lugar posto na mesa
table setting

o ajudante do chefe
commis chef

o chefe de cozinha
chef

a cozinha | kitchen

o copo
glass

o tabuleiro
tray

o empregado | waiter

vocabulário • vocabulary

a ementa do jantar evening menu	os pratos do dia specials	o preço price	a gorjeta tip	o buffet buffet	o cliente customer
a carta de vinhos wine list	à la carte à la carte	a conta bill	serviço incluído service included	o bar bar	a pimenta pepper
a ementa do almoço lunch menu	o carrinho das sobremesas sweet trolley	o recibo receipt	serviço não incluído service not included	o sal salt	

a ementa
menu

a refeição para crianças
child's meal

pedir (v) | order (v)

pagar (v) | pay (v)

os pratos • courses

o aperitivo
apéritif

a entrada
starter

a sopa
soup

o prato principal
main course

o acompanhamento
side order

a sobremesa | dessert

o café | coffee

Uma mesa para dois por favor.
A table for two please.

Podia ver a ementa/carta de vinhos por favor?
Can I see the menu/wine list please?

Há uma ementa de preço fixo?
Is there a fixed price menu?

Tem alguns pratos vegetarianos?
Do you have any vegetarian dishes?

Podia trazer-me a conta/o recibo por favor?
Could I have the bill/a receipt please?

Podemos pagar separadamente?
Can we pay separately?

Onde ficam as casas de banho?
Where are the toilets, please?

a comida rápida • fast food

o hambúrger
burger

a palhinha
straw

o refrigerante
soft drink

as batatas fritas
French fries

o guardanapo de papel
paper napkin

o tabuleiro
tray

a refeição de hambúrguer | burger meal

vocabulário • vocabulary

a pizzaria
pizza parlour

a hamburgueria
burger bar

a ementa
menu

para comer no estabelecimento
eat-in

para levar
take-away

reaquecer (v)
re-heat (v)

o molho de tomate
tomato sauce

Posso comprar para levar?
Can I have that to go please?

Entrega em casa?
Do you deliver?

a pizza
pizza

a lista de preços
price list

a lata de bebida
canned drink

a entrega em casa | home delivery

a tenda de rua | street stall

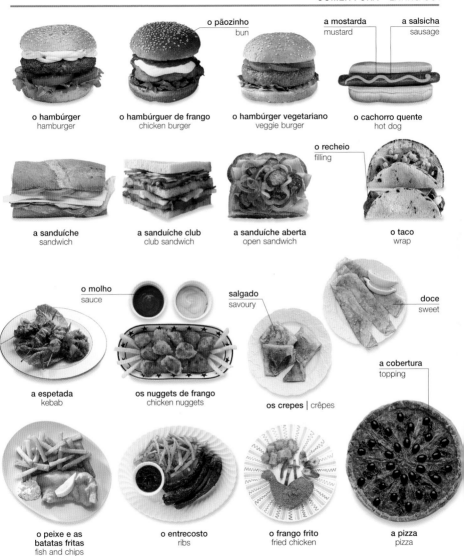

o **pãozinho**
bun

a **mostarda**
mustard

a **salsicha**
sausage

o **hambúrger**
hamburger

o **hambúrguer de frango**
chicken burger

o **hambúrger vegetariano**
veggie burger

o **cachorro quente**
hot dog

a **sanduíche**
sandwich

a **sanduíche club**
club sandwich

o **recheio**
filling

a **sanduíche aberta**
open sandwich

o **taco**
wrap

o **molho**
sauce

salgado
savoury

doce
sweet

a **espetada**
kebab

os **nuggets de frango**
chicken nuggets

os **crepes** | crêpes

a **cobertura**
topping

o **peixe e as
batatas fritas**
fish and chips

o **entrecosto**
ribs

o **frango frito**
fried chicken

a **pizza**
pizza

o pequeno-almoço • breakfast

o leite
milk

os cereais
cereal

a compota
jam

a fruta seca
dried fruit

o presunto
ham

o queijo
cheese

as bolachas crocantes
crispbread

o buffet do pequeno-almoço
breakfast buffet

o doce de laranja
marmalade

o pâté
pâté

a manteiga
butter

o sumo de frutas
fruit juice

o café
coffee

o chocolate quente
hot chocolate

o croissant
croissant

o chá
tea

a mesa do pequeno-almoço | breakfast table

as bebidas | drinks

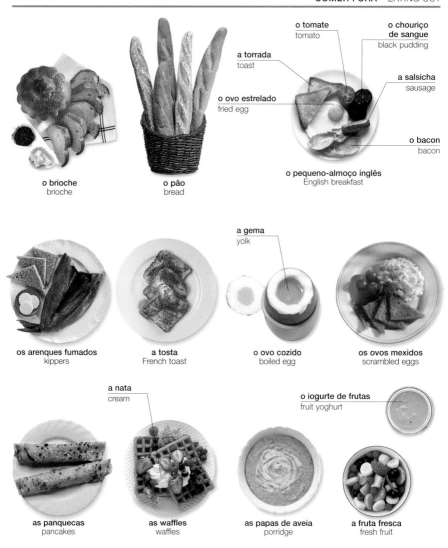

o tomate
tomato

o chouriço
de sangue
black pudding

a torrada
toast

a salsicha
sausage

o ovo estrelado
fried egg

o bacon
bacon

o brioche
brioche

o pão
bread

o pequeno-almoço inglês
English breakfast

a gema
yolk

os arenques fumados
kippers

a tosta
French toast

o ovo cozido
boiled egg

os ovos mexidos
scrambled eggs

a nata
cream

o iogurte de frutas
fruit yoghurt

as panquecas
pancakes

as waffles
waffles

as papas de aveia
porridge

a fruta fresca
fresh fruit

o jantar • dinner

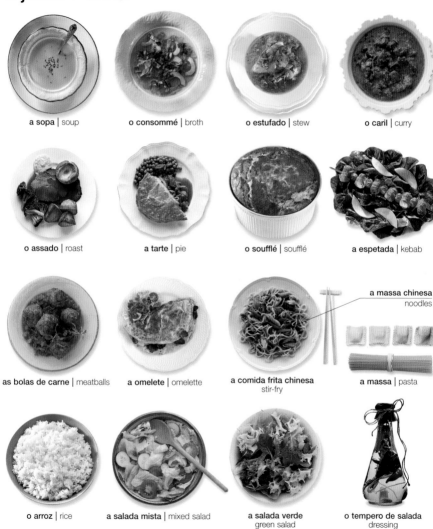

a sopa | soup

o consommé | broth

o estufado | stew

o caril | curry

o assado | roast

a tarte | pie

o soufflé | soufflé

a espetada | kebab

as bolas de carne | meatballs

a omelete | omelette

a comida frita chinesa
stir-fry

a massa chinesa
noodles

a massa | pasta

o arroz | rice

a salada mista | mixed salad

a salada verde
green salad

o tempero de salada
dressing

as técnicas • techniques

recheado | stuffed

em molho | in sauce

grelhado | grilled

marinado | marinated

escalfado | poached

em puré | mashed

cozido no forno | baked

frito com pouco óleo
pan fried

frito | fried

em vinagre | pickled

fumado | smoked

frito imerso em óleo
deep-fried

em calda | in syrup

temperado | dressed

ao vapor | steamed

curado | cured

o estudo
study

a escola • school

o quadro branco
whiteboard

o professor
teacher

a mala
school bag

o estud Aante
pupil

a secretária
desk

a sala de aula | classroom

a aluna
schoolgirl

o aluno
schoolboy

vocabulário • vocabulary

a história history	**as ciências** science	**a física** physics
as línguas languages	**a arte** art	**a química** chemistry
a literatura literature	**a música** music	**a biologia** biology
a geografia geography	**a matemática** maths	**a educação física** physical education

as actividades • activities

ler (v) | read (v)

escrever (v) | write (v)

soletrar (v) | spell (v)

desenhar (v) | draw (v)

o projetor digital
digital projector

o bico
nib

a caneta
pen

o lápis de cor
colouring pencil

o apara-lápis
pencil
sharpener

o lápis
pencil

a borracha
rubber

o caderno
notebook

o manual | textbook

o estojo de lápis | pencil case

a régua | ruler

perguntar (v) | question (v)

responder (v) | answer (v)

discutir (v) | discuss (v)

aprender (v) | learn (v)

vocabulário • vocabulary

o diretor head teacher	**a resposta** answer	**a nota** grade
a aula lesson	**o trabalho de casa** homework	**o ano** year
a pergunta question	**o exame** examination	**o dicionário** dictionary
tirar apontamentos (v) take notes (v)	**a redação** essay	**a enciclopédia** encyclopedia

a matemática • maths

as formas • shapes

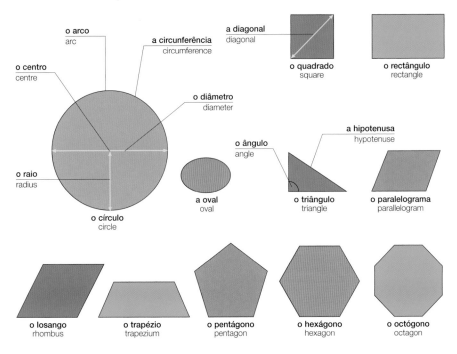

o arco
arc

a circunferência
circumference

o centro
centre

o diâmetro
diameter

a diagonal
diagonal

o quadrado
square

o rectângulo
rectangle

o raio
radius

a hipotenusa
hypotenuse

o ângulo
angle

o círculo
circle

a oval
oval

o triângulo
triangle

o paralelograma
parallelogram

o losango
rhombus

o trapézio
trapezium

o pentágono
pentagon

o hexágono
hexagon

o octógono
octagon

os sólidos • solids

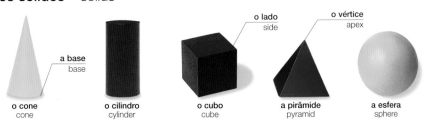

o lado
side

o vértice
apex

a base
base

o cone
cone

o cilindro
cylinder

o cubo
cube

a pirâmide
pyramid

a esfera
sphere

as linhas • lines

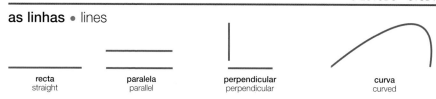

recta
straight

paralela
parallel

perpendicular
perpendicular

curva
curved

as medidas • measurements

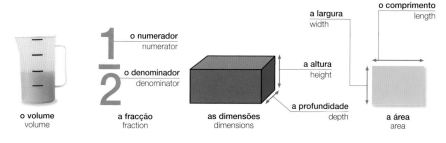

o volume
volume

o numerador
numerator

o denominador
denominator

a fracção
fraction

as dimensões
dimensions

a largura
width

a altura
height

a profundidade
depth

o comprimento
length

a área
area

o equipamento • equipment

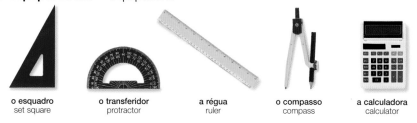

o esquadro
set square

o transferidor
protractor

a régua
ruler

o compasso
compass

a calculadora
calculator

---

vocabulário • vocabulary

a geometria geometry	**mais** plus	**vezes** times	**é igual a** equals	**somar (v)** add (v)	**multiplicar (v)** multiply (v)	**a equação** equation
a aritmética arithmetic	**menos** minus	**dividido por** divided by	**contar (v)** count (v)	**subtrair (v)** subtract (v)	**dividir (v)** divide (v)	**a percentagem** percentage

---

as ciências • science

o laboratório
laboratory

a balança
scales

o peso
weight

a balança de mola
spring balance

o cadinho
crucible

o bico de Bunsen
bunsen burner

o tripé
tripod

o frasco
de vidro
glass bottle

o tubo de ensaio
test tube

o suporte
rack

o grampo
clamp

o funil
funnel

a tampa
stopper

o cronómetro
timer

o balão
de ensaio
flask

a caixa de Petri
petri dish

a experiência | experiment

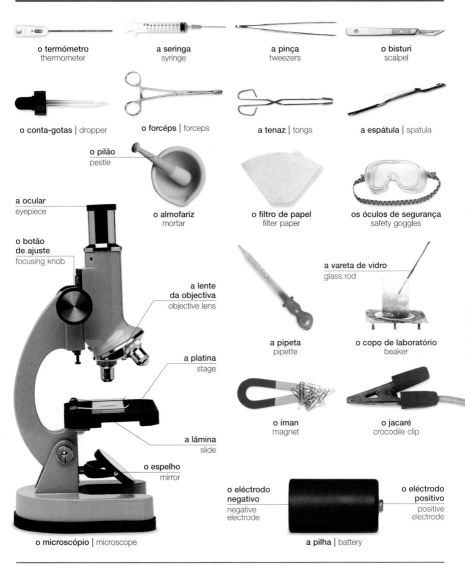

o termómetro
thermometer

a seringa
syringe

a pinça
tweezers

o bisturi
scalpel

o conta-gotas | dropper

o forcéps | forceps

a tenaz | tongs

a espátula | spatula

o pilão
pestle

a ocular
eyepiece

o botão
de ajuste
focusing knob

o almofariz
mortar

o filtro de papel
filter paper

os óculos de segurança
safety goggles

a lente
da objectiva
objective lens

a vareta de vidro
glass rod

a platina
stage

a pipeta
pipette

o copo de laboratório
beaker

a lâmina
slide

o espelho
mirror

o íman
magnet

o jacaré
crocodile clip

o eléctrodo
negativo
negative
electrode

o eléctrodo
positivo
positive
electrode

o microscópio | microscope

a pilha | battery

o ensino superior • college

a secretaria
admissions

o campo de desportos
sports field

o refeitório
refectory

a residência universitária
hall of residence

o centro de saúde
health centre

o campus | campus

vocabulário • vocabulary

o cartão da biblioteca library card	a informação enquiries	o empréstimo loan
a sala de leitura reading room	pedir emprestado (v) borrow (v)	o livro book
a lista de leitura reading list	reservar (v) reserve (v)	o título title
a data de devolução return date	renovar (v) renew (v)	o corredor aisle

a bibliotecária
librarian

o balcão de empréstimos
loans desk

a prateleira
bookshelf

o periódico
periodical

o periódico specializado
journal

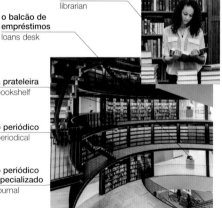

a biblioteca | library

o estudante
universitário
undergraduate

o professor
universitário
lecturer

a licenciada
graduate

a toga
robe

o anfiteatro
lecture theatre

a cerimónia de graduação
graduation ceremony

as escolas • schools

a modelo
model

a escola de Belas Artes
art college

o conservatório
music school

a academia de dança
dance academy

vocabulário • vocabulary

a bolsa de estudos scholarship	a investigação research	a dissertação dissertation	a medicina medicine	a filosofia philosophy
o diploma diploma	o mestrado master's	o departamento department	a zoologia zoology	a literatura literature
o grau degree	o doutoramento doctorate	o direito law	a física physics	a história da arte history of art
o pós-graduado postgraduate	a tese thesis	a engenharia engineering	a política politics	a economia economics

o trabalho
work

o escritório 1 • office 1

o monitor
monitor

o organizador
de secretária
desktop organizer

o caderno
notebook

o laptop
laptop

lo cesto
de saída
out-tray

o cesto
de entrada
in-tray

a gaveta
drawer

a secretária
desk

a cadeira
giratória
swivel chair

o cesto
de papéis
wastebasket

o armário de arquivo
filing cabinet

o equipamento de escritório •
office equipment

o tabuleiro
de papel
paper tray

a impressora | printer

o triturador de papel | shredder

vocabulário • vocabulary

imprimir (v)
print (v)

ampliar (v)
enlarge (v)

fotocopiar (v)
copy (v)

reduzir (v)
reduce (v)

. . . .

Preciso de fazer umas fotocópias.
I need to make some copies.

office supplies • os materiais de escritório

a nota de cumprimentos
compliments slip

a caixa de arquivo
box file

o papel timbrado
letterhead

o envelope
envelope

o separador
divider

a etiqueta
tab

a prancheta de mola
clipboard

o bloco de apontamentos
note pad

a pasta suspensa
hanging file

o arquivador em concertina
concertina file

o dossiê de argolas
lever arch file

os agrafos
staples

a fita adesiva
sticky tape

a almofada de tinta
ink pad

a agenda organiser
personal organizer

o agrafador
stapler

o desenrolador de fita adesiva
tape dispenser

o perfurador
hole punch

o carimbo de borracha
rubber stamp

o elástico
rubber band

a mola para papel
bulldog clip

o clip
paper clip

o alfinete
drawing pin

o quadro de avisos
notice board

o escritório 2 • office 2

o quadro de
conferência
flip chart

o cavalete
easel

o diretor
manager

a proposta
proposal

o relatório
report

o executivo
executive

a ata
minutes

a reunião | meeting

vocabulário • vocabulary

a sala de reuniões
meeting room

participar(v)
attend (v)

a ordem de trabalhos
agenda

presidir (v)
chair (v)

A que horas é a reunião?
What time is the meeting?

Quais são as suas horas de trabalho?
What are your office hours?

a oradora
speaker

a apresentação | presentation

os negócios • business

o homem de negócios
businessman

a mulher de negócios
businesswoman

o almoço de negócios
business lunch

a viagem de negócios
business trip

a marcação
appointment

a agenda | diary

o diretor-geral
managing director

o cliente
client

o acordo comercial
business deal

---

vocabulário • vocabulary

a empresa company	**o pessoal** staff	**o departamento de contabilidade** accounts department	**o departamento jurídico** legal department
a sede head office	**o salário** salary	**o departamento de marketing** marketing department	**o departamento de atendimento ao cliente** customer service department
a filial branch	**a folha de pagamentos** payroll	**o departamento de vendas** sales department	**o departamento de pessoal** human resources department

---

o computador • computer

a impressora
printer

o ecrã
screen

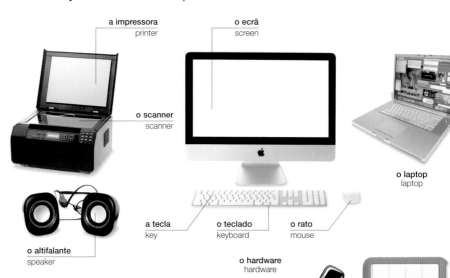

o scanner
scanner

o laptop
laptop

o altifalante
speaker

a tecla
key

o teclado
keyboard

o rato
mouse

o hardware
hardware

o pen
memory stick

o disco rígido externo
external hard drive

vocabulário • vocabulary

a memória memory	o software software	o servidor server
a RAM RAM	a aplicação application	a porta port
os bytes bytes	o programa program	o processador processor
o sistema system	a rede network	o cabo de alimentação power cable

a tablete
tablet

o smartphone
smartphone

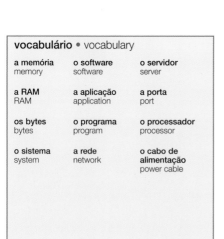

o computador de secretária • desktop

a barra do menu
menubar

a fonte
font

o ficheiro
file

o ícone
icon

a barra de ferramentas
toolbar

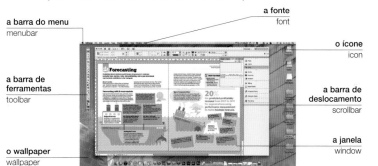

a barra de deslocamento
scrollbar

a pasta
folder

o wallpaper
wallpaper

a janela
window

reciclagem
trash

a internet • internet

o programa de navegação
browser

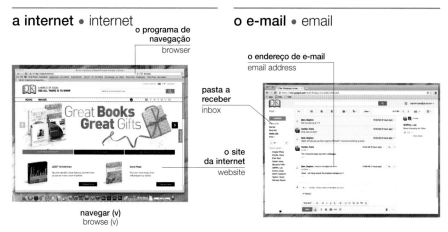

navegar (v)
browse (v)

o e-mail • email

o endereço de e-mail
email address

pasta a receber
inbox

o site da internet
website

---

vocabulário • vocabulary

ligar (v) connect (v)	o fornecedor de serviços service provider	fazer log-in (v) log on (v)	fazer download download (v)	enviar (v) send (v)	guardar (v) save (v)
instalar (v) install (v)	a conta de e-mail email account	on-line online	o anexo attachment	receber (v) receive (v)	procurar (v) search (v)

---

os meios de comunicação social • media

o estúdio de televisão • television studio

o plateau
set

o apresentador
presenter

a iluminação
light

a câmara
camera

a grua da câmara
camera crane

o operador de câmara
cameraman

---

vocabulário • vocabulary

o canal channel	**as notícias** news	**a imprensa** press	**a telenovela** soap	**os desenhos animados** cartoon	**em directo** live
a programação programming	**o documentário** documentary	**a série televisiva** television series	**o concurso** game show	**em diferido** prerecorded	**transmitir (v)** broadcast (v)

o entrevistador
interviewer

o repórter
reporter

o teleponto
autocue

a apresentadora do telejornal
newsreader

os atores
actors

a girafa
sound boom

a claquete
clapper board

o plateau de rodagem
film set

o rádio • radio

o técnico de som
sound technician

a mesa de mistura
mixing desk

o microfone
microphone

o estúdio de gravação | recording studio

vocabulário • vocabulary

a estação de rádio
radio station

o disco-jóquei
DJ

a transmissão
broadcast

o comprimento de onda
wavelength

a onda larga
long wave

a frequência
frequency

o volume
volume

sintonizar (v)
tune (v)

a onda curta
short wave

a onda média
medium wave

analógico
analogue

digital
digital

a lei • law

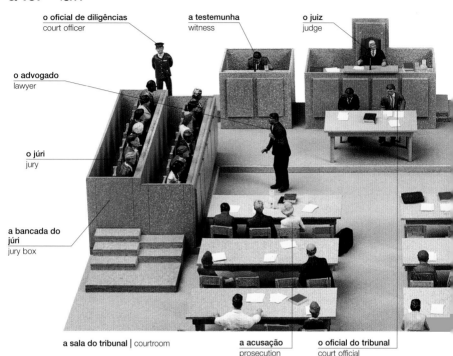

o oficial de diligências
court officer

a testemunha
witness

o juiz
judge

o advogado
lawyer

o júri
jury

a bancada do júri
jury box

a sala do tribunal | courtroom

a acusação
prosecution

o oficial do tribunal
court official

---

vocabulário • vocabulary

o escritório do advogado lawyer's office	**a citação** summons	**a ordem judicial** writ	**o processo de tribunal** court case
a assessoria jurídica legal advice	**a declaração** statement	**a data do julgamento** court date	**a acusação** charge
o cliente client	**o mandado** warrant	**a alegação do arguido** plea	**o acusado** accused

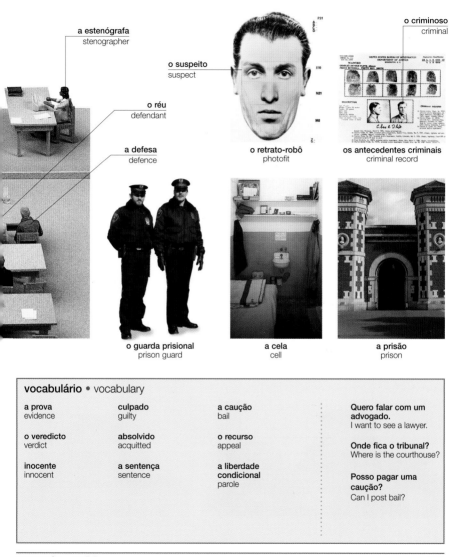

a estenógrafa
stenographer

o suspeito
suspect

o réu
defendant

a defesa
defence

o retrato-robô
photofit

o criminoso
criminal

os antecedentes criminais
criminal record

o guarda prisional
prison guard

a cela
cell

a prisão
prison

vocabulário • vocabulary

a prova evidence	culpado guilty	a caução bail	**Quero falar com um advogado.** I want to see a lawyer.
o veredicto verdict	absolvido acquitted	o recurso appeal	**Onde fica o tribunal?** Where is the courthouse?
inocente innocent	a sentença sentence	a liberdade condicional parole	**Posso pagar uma caução?** Can I post bail?

a quinta 1 • farm 1

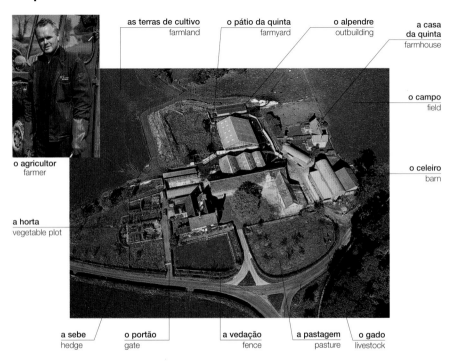

o agricultor
farmer

as terras de cultivo
farmland

o pátio da quinta
farmyard

o alpendre
outbuilding

a casa
da quinta
farmhouse

o campo
field

o celeiro
barn

a horta
vegetable plot

a sebe
hedge

o portão
gate

a vedação
fence

a pastagem
pasture

o gado
livestock

o cultivador
cultivator

o tractor | tractor

a ceifeira-debulhadora | combine harvester

português • english

os tipos de quinta • types of farm

a colheita
crop

a quinta de terras aráveis
arable farm

a exploração leiteira
dairy farm

o rebanho
flock

a criação de gado ovino
sheep farm

a criação de aves
poultry farm

a criação de suínos
pig farm

a exploração piscícola
fish farm

a exploração frutícola
fruit farm

a videira
vine

a vinha
vineyard

as actividades • actions

o sulco
furrow

lavrar (v)
plough (v)

semear (v)
sow (v)

ordenhar (v)
milk (v)

dar de comer (v)
feed (v)

regar (v) | water (v)

colher (v) | harvest (v)

vocabulário • vocabulary

o herbicida herbicide	**o rebanho** herd	**o comedouro** trough
o pesticida pesticide	**o silo** silo	**plantar (v)** plant (v)

a quinta 2 • farm 2

as colheitas • crops

o trigo
wheat

o milho
corn

a cevada
barley

a colza
rapeseed

o girassol
sunflower

o fardo
bale
o feno
hay

a alfafa
alfalfa

o tabaco
tobacco

o arroz
rice

o chá
tea

o café
coffee

o linho
flax

a cana-de-açúcar
sugarcane

o algodão
cotton

o espantalho
scarecrow

o gado • livestock

o leitão
piglet

o porco
pig

a vitela
calf

a vaca
cow

o touro
bull

a ovelha
sheep

o cordeiro
lamb

o cabrito
kid

a cabra
goat

o cavalo
horse

o potro
foal

o burro
donkey

o pintainho
chick

a galinha
chicken

o galo
cockerel

o peru
turkey

o patinho
duckling

o pato
duck

o estábulo
stable

o redil
pen

o galinheiro
chicken coop

a pocilga
pigsty

a construção • construction

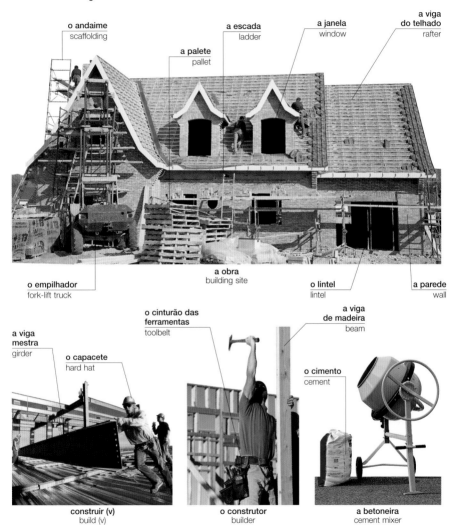

o andaime
scaffolding

a palete
pallet

a escada
ladder

a janela
window

a viga
do telhado
rafter

o empilhador
fork-lift truck

a obra
building site

o lintel
lintel

a parede
wall

a viga
mestra
girder

o capacete
hard hat

o cinturão das
ferramentas
toolbelt

a viga
de madeira
beam

o cimento
cement

construir (v)
build (v)

o construtor
builder

a betoneira
cement mixer

os materiais • materials

o tijolo
brick

a madeira
timber

a telha
roof tile

o bloco de betão
breeze block

as ferramentas • tools

a argamassa
mortar

a colher de pedreiro
trowel

o nível de bolha de ar
spirit level

o cabo
handle

a marreta
sledgehammer

a picareta
pickaxe

a pá
shovel

a maquinaria • machinery

o cilindro
roadroller

o camião basculante
dumper truck

o suporte
support

o gancho
hook

a grua | crane

as obras na estrada • roadworks

o alcatrão
tarmac

o cone
cone

a britadeira
pneumatic drill

a repavimentação
resurfacing

a escavadora
mecânica
mechanical digger

as profissões 1 • occupations 1

o carpinteiro
carpenter

o electricista
electrician

o canalizador
plumber

o construtor
builder

o jardineiro
gardener

o aspirador
vacuum
cleaner

**o empregado da
limpeza**
cleaner

o mecânico
mechanic

o talhante
butcher

o cabeleireiro
hairdresser

a peixeira
fishmonger

**o vendedor de
frutas e legumes**
greengrocer

a florista
florist

o barbeiro
barber

o joalheiro
jeweller

a empregada da loja
shop assistant

a agente imobiliária
estate agent

o oftalmologista
optician

a máscara
mask

a dentista
dentist

o médico
doctor

a farmacêutica
pharmacist

a enfermeira
nurse

a veterinária
vet

o agricultor
farmer

o pescador
fisherman

a metralhadora
machine gun

o crachá de
identificação
identity badge

o uniforme
uniform

o guarda de segurança
security guard

o marinheiro
sailor

o soldado
soldier

o polícia
policeman

o bombeiro
fireman

as profissões 2 • occupations 2

a maquete
model

o advogado
lawyer

o contabilista
accountant

o arquitecto
architect

o cientista
scientist

o professora
teacher

o bibliotecário
librarian

a recepcionista
receptionist

o saco
do
correio
mailbag

o carteiro
postman

o motorista de autocarro
bus driver

o camionista
lorry driver

o motorista de táxi
taxi driver

o piloto
pilot

a hospedeira do ar
air stewardess

a agente de viagens
travel agent

o chapéu de
cozinheiro
chef's hat

o chefe
de cozinha
chef

o tutu
tutu

o músico
musician

a bailarina
dancer

a atriz
actress

a cantora
singer

a empregada
waitress

o empregado de bar
bartender

o desportista
sportsman

o escultor
sculptor

a pintora
painter

o fotógrafo
photographer

o apresentadora
newsreader

as notas
notes

o jornalista
journalist

a redactora
editor

o desenhador
designer

a costureira
seamstress

o alfaiate
tailor

os transportes
transport

as estradas • roads

a auto-
estrada
motorway

a cabina
da portagem
toll booth

as marcas
rodoviárias
road markings

a via
de acesso
slip road

a rua de
sentido único
one-way street

a linha divisória
divider

a saída
junction

o semáforo
traffic light

a faixa
da esquerda
inside lane

a faixa central
middle lane

a faixa de
ultrapassagem
outside lane

a via de saída
exit ramp

o tráfego
traffic

o viaduto
flyover

a berma
pavimentada
hard shoulder

o camião
lorry

o separador
central
central reservation

a passagem
subterrânea
underpass

a passagem de peões
pedestrian crossing

o telefone de emergência
emergency phone

o estacionamento para deficientes
disabled parking

o engarrafamento de trânsito
traffic jam

o sistema de navegação
satnav

o parquímetro
parking meter

o polícia de trânsito
traffic policeman

vocabulário • vocabulary

a rotunda
roundabout

o desvio
diversion

as obras na estrada
roadworks

a barreira de segurança
crash barrier

estacionar (v)
park (v)

ultrapassar (v)
overtake (v)

conduzir (v)
drive (v)

fazer marcha atrás (v)
reverse (v)

rebocar (v)
tow away (v)

a faixa dupla
dual carriageway

Esta é a estrada para...?
Is this the road to ...?

Onde posso estacionar?
Where can I park?

os sinais de trânsito • road signs

sentido proibido
no entry

o limite de velocidade
speed limit

o perigo
hazard

proibido parar
no stopping

proibido virar à direita
no right turn

---

português • english

o autocarro • bus

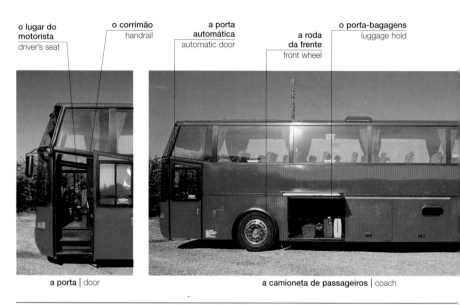

o lugar do motorista
driver's seat

o corrimão
handrail

a porta automática
automatic door

a roda da frente
front wheel

o porta-bagagens
luggage hold

a porta | door

a camioneta de passageiros | coach

os tipos de autocarros • types of buses

o número da rota
route number

o motorista
driver

o autocarro eléctrico
trolley bus

o autocarro de dois pisos
double-decker bus

o eléctrico
tram

o autocarro escolar | school bus

a roda traseira
rear wheel

a janela
window

o botão de paragem
stop button

**o bilhete
de autocarro**
bus ticket

a campainha
bell

a estação de autocarros
bus station

**a paragem
de autocarros**
bus stop

vocabulário • vocabulary

a tarifa fare	**o acesso para cadeiras de rodas** wheelchair access
o horário timetable	**o abrigo da paragem** bus shelter
Pára em...? Do you stop at …?	**Que autocarro vai para...?** Which bus goes to …?

o miniautocarro
minibus

o autocarro turístico | tourist bus

o autocarro de ligação | shuttle bus

o carro 1 • car 1

o exterior • exterior

o retrovisor lateral
wing mirror

o pára-brisas
windscreen

o espelho retrovisor
rear-view mirror

o limpa-pára-brisas
windscreen wiper

a porta
door

o capô
bonnet

a bagageira
boot

o pisca-pisca
indicator

o pára-choques
bumper

o farol dianteiro
headlight

a roda
wheel

o pneu
tyre

a matrícula
licence plate

a bagagem
luggage

o porta-bagagens
roof rack

a porta da bagageira
tailgate

o cinto de segurança
seat belt

a cadeira para crianças
child seat

os tipos • types

o carro elétrico
electric car

o carro de cinco portas
hatchback

a berlina
saloon

a carrinha
estate

o carro descapotável
convertible

o carro desportivo
sports car

o monovolume
people carrier

o todo-o-terreno
four-wheel drive

o carro de época
vintage

a limusina
limousine

o posto de abastecimento • petrol station

a bomba de gasolina
petrol pump

o preço
price

a zona de abastecimento
forecourt

vocabulário • vocabulary

o óleo oil	**com chumbo** leaded	**a lavagem de carros** car wash
a gasolina petrol	**o gasóleo** diesel	**o anticongelante** antifreeze
sem chumbo unleaded	**a oficina** garage	**o líquido limpa-pára-brisas** screenwash

Encha o depósito, por favor.
Fill the tank, please.

o carro 2 • car 2

o interior • interior

o banco traseiro
back seat

o apoio do braço
armrest

o apoio para
a cabeça
headrest

o fecho
da porta
door lock

o puxador
handle

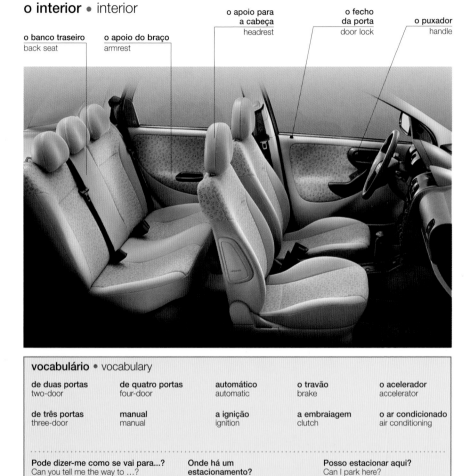

vocabulário • vocabulary

de duas portas two-door	**de quatro portas** four-door	**automático** automatic	**o travão** brake	**o acelerador** accelerator
de três portas three-door	**manual** manual	**a ignição** ignition	**a embraiagem** clutch	**o ar condicionado** air conditioning

Pode dizer-me como se vai para...?
Can you tell me the way to …?

Onde há um estacionamento?
Where is the car park?

Posso estacionar aqui?
Can I park here?

os controlos • controls

o volante steering wheel	a buzina horn	o tablier dashboard	as luzes de emergência hazard lights	a navegação por satélite satellite navigation

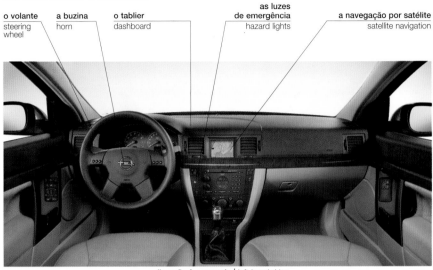

a direcção à esquerda | left-hand drive

o indicador de
temperatura
temperature gauge

o **conta-rotações**
rev counter

o **velocímetro**
speedometer

o indicador
da **gasolina**
fuel gauge

o **estéreo**
do carro
car stereo

o **interruptor**
das luzes
lights switch

o **conta-**
quilómetros
odometer

os **comandos**
de aquecimento
heater controls

a **manete**
das mudanças
gearstick

o **airbag**
air bag

a direcção à direita | right-hand drive

o carro 3 • car 3

a mecânica • mechanics

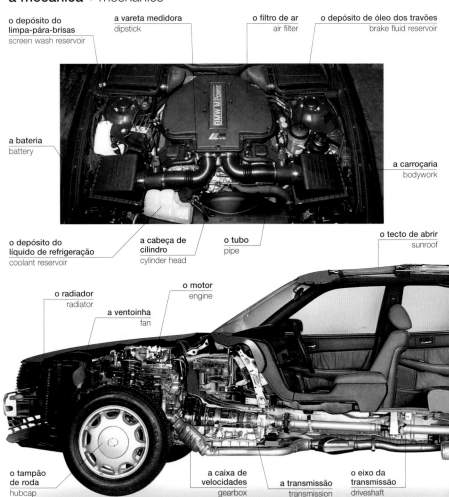

o depósito do
limpa-pára-brisas
screen wash reservoir

a vareta medidora
dipstick

o filtro de ar
air filter

o depósito de óleo dos travões
brake fluid reservoir

a bateria
battery

a carroçaria
bodywork

o depósito do
líquido de refrigeração
coolant reservoir

a cabeça de
cilindro
cylinder head

o tubo
pipe

o tecto de abrir
sunroof

o radiador
radiator

a ventoinha
fan

o motor
engine

o tampão
de roda
hubcap

a caixa de
velocidades
gearbox

a transmissão
transmission

o eixo da
transmissão
driveshaft

o furo • puncture

o pneu
sobresselente
spare tyre

a **chave**
wrench

os **parafusos
da roda**
wheel nuts

o **macaco**
jack

mudar um pneu (v)
change a wheel (v)

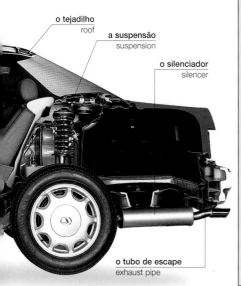

o **tejadilho**
roof

a **suspensão**
suspension

o **silenciador**
silencer

o **tubo de escape**
exhaust pipe

vocabulário • vocabulary

o **acidente de carro**
car accident

a **avaria**
breakdown

o **seguro**
insurance

o **reboque**
tow truck

o **mecânico**
mechanic

a **pressão dos pneus**
tyre pressure

a **caixa de fusíveis**
fuse box

a **vela de ignição**
spark plug

a **correia da ventoinha**
fan belt

o **depósito da gasolina**
petrol tank

a **afinação**
timing

o **turbocompressor**
turbocharger

o **distribuidor**
distributor

o **chassis**
chassis

o **travão de mão**
handbrake

o **alternador**
alternator

a **correia de comando**
cam belt

....

O meu carro avariou.
I've broken down.

**O meu carro não
arranca.**
My car won't start.

a motocicleta • motorbike

o capacete
helmet

o pisca-pisca
indicator

o velocímetro
speedometer

o travão
brake

a embraiagem
clutch

a buzina
horn

o acelerador
throttle

o suporte de bagagem
carrier

os controlos
controls

o assento
traseiro
pillion

o assento
seat

o motor
engine

o depósito de
combustível
fuel tank

o reflector
reflector

a luz traseira
tail light

o tubo de escape
exhaust pipe

o silenciador
silencer

o depósito do óleo
oil tank

a caixa de
velocidades
gearbox

o filtro de ar
air filter

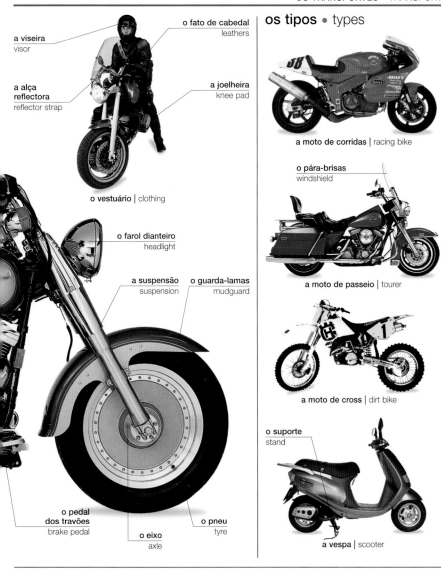

a viseira
visor

o fato de cabedal
leathers

a alça reflectora
reflector strap

a joelheira
knee pad

o vestuário | clothing

o farol dianteiro
headlight

a suspensão
suspension

o guarda-lamas
mudguard

o pedal dos travões
brake pedal

o eixo
axle

o pneu
tyre

os tipos • types

a moto de corridas | racing bike

o pára-brisas
windshield

a moto de passeio | tourer

a moto de cross | dirt bike

o suporte
stand

a vespa | scooter

a bicicleta · bicycle

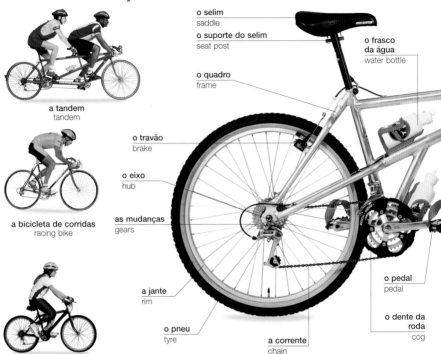

o selim
saddle

o suporte do selim
seat post

o frasco
da água
water bottle

o quadro
frame

o travão
brake

o eixo
hub

as mudanças
gears

a jante
rim

o pneu
tyre

a corrente
chain

o pedal
pedal

o dente da
roda
cog

a tandem
tandem

a bicicleta de corridas
racing bike

a bicicleta de montanha
mountain bike

o capacete
helmet

a bicicleta de passeio
touring bike

a bicicleta de estrada
road bike

a ciclovia | cycle lane

a barra transversal
crossbar

o guiador
handlebar

a alavanca de mudanças
gear lever

a alavanca do travão
brake lever

a alavanca da jante
tyre lever

o remendo
patch

o kit de reparações | repair kit

o garfo
fork

a chave
key

o raio
spoke

a bomba
pump

o cadeado
lock

a roda
wheel

a válvula
valve

a banda de rodagem
tread

a câmara-de-ar
inner tube

a cadeira para criança
child seat

---

vocabulário • vocabulary

o farol lamp	**a patilha de apoio** kickstand	**o calço de travão** brake block	**o cesto** basket	**o encaixe para o pé** toe clip	**travar (v)** brake (v)
o farol traseiro rear light	**o suporte para bicicletas** bike rack	**o cabo** cable	**o dínamo** dynamo	**a alça do pedal** toe strap	**andar de bicicleta (v)** cycle (v)
o reflector reflector	**as rodas de apoio** stabilisers	**a roda dentada** sprocket	**o furo** puncture	**pedalar (v)** pedal (v)	**mudar de velocidade (v)** change gear (v)

---

o comboio • train

a
carruagem
carriage

a
plataforma
platform

o carrinho
trolley

o número
da plataforma
platform number

o passageiro
diário
commuter

a estação de caminho-de-ferro | train station

os tipos de comboio • types of train

o comboio a vapor
steam train

a locomotiva
engine

a cabina
do maquinista
driver's cab

o carril
rail

o comboio a gasóleo | diesel train

o comboio eléctrico
electric train

o comboio de alta velocidade
high-speed train

o monocarril
monorail

o metro
underground train

o tranvia
tram

o comboio de mercadorias
freight train

o porta-bagagens
luggage rack

a janela
window

a linha
track

a porta
door

o lugar
seat

a barreira de acesso
ticket barrier

o vagão
compartment

o sistema de
comunicação pública
public address system

o horário
timetable

o bilhete
ticket

o átrio da estação | concourse

o vagão-restaurante | dining car

o vagão-cama
sleeping compartment

---

vocabulário • vocabulary

a rede ferroviária rail network	o diagrama do metro underground map	a bilheteira ticket office	o carril electrificado live rail
o comboio intercidades inter-city train	a demora delay	o revisor ticket inspector	o sinal signal
a hora de ponta rush hour	a tarifa fare	mudar (v) change (v)	a alavanca de emergência emergency lever

o avião • aircraft

o avião de passageiros • airliner

o nariz
nose

o cockpit
cockpit

o motor
engine

a fuselagem
fuselage

a asa
wing

a cauda
tail

o leme
rudder

a saída
exit

o trem de
aterragem dianteiro
nosewheel

o trem de aterragem
landing gear

o aileron
aileron

o estabilizador
vertical
fin

o estabilizador
tailplane

a cabina • cabin

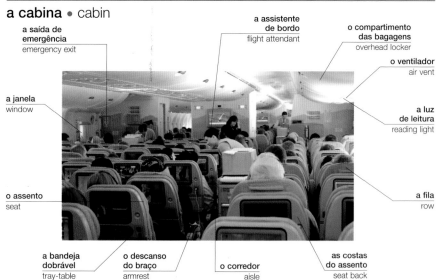

a saída de
emergência
emergency exit

a assistente
de bordo
flight attendant

o compartimento
das bagagens
overhead locker

o ventilador
air vent

a janela
window

a luz
de leitura
reading light

o assento
seat

a fila
row

a bandeja
dobrável
tray-table

o descanso
do braço
armrest

o corredor
aisle

as costas
do assento
seat back

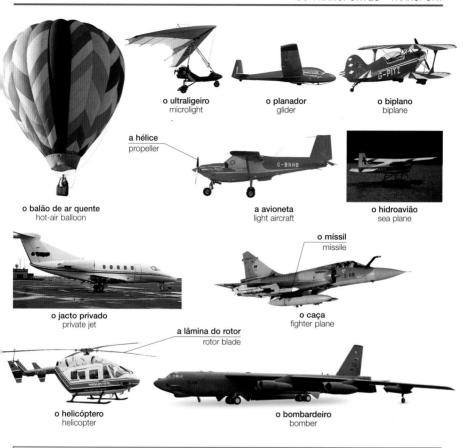

o ultraligeiro
microlight

o planador
glider

o biplano
biplane

a hélice
propeller

o balão de ar quente
hot-air balloon

a avioneta
light aircraft

o hidroavião
sea plane

o míssil
missile

o jacto privado
private jet

o caça
fighter plane

a lâmina do rotor
rotor blade

o helicóptero
helicopter

o bombardeiro
bomber

vocabulário • vocabulary

o piloto pilot	**descolar (v)** take off (v)	**aterrar (v)** land (v)	**a classe** **económica** economy class	**a bagagem** **de mão** hand luggage
o co-piloto co-pilot	**voar (v)** fly (v)	**a altitude** altitude	**a classe executiva** business class	**o cinto de** **segurança** seat belt

o aeroporto • airport

a área de tráfego
apron

o reboque de bagagem
baggage trailer

o terminal
terminal

o veículo de serviço
service vehicle

a ponte de embarque
jetway

o avião de linha | airliner

vocabulário • vocabulary

a pista runway	o número do voo flight number	o tapete das bagagens carousel	as férias holiday
o voo internacional international flight	a imigração immigration	a segurança security	fazer o check-in (v) check in (v)
o voo doméstico domestic flight	a alfândega customs	a máquina de raios X x-ray machine	a torre de controlo control tower
a ligação connection	o excesso de bagagem excess baggage	a brochura holiday brochure	reservar uma passagem (v) book a flight (v)

o visto | visa

o passaporte | passport

a bagagem
de mão
hand luggage

a bagagem
luggage

o carrinho
trolley

o balcão de check-in
check-in desk

o controlo
de passaportes
passport control

o cartão
de embarque
boarding pass

o bilhete
ticket

o número da porta
de embarque
gate number

a sala de embarque
departure lounge

as partidas
departures

o destino
destination

as chegadas
arrivals

o ecrã de informação
information screen

a loja franca
duty-free shop

a recolha de bagagens
baggage reclaim

a paragem de táxis
taxi rank

o aluguer de carros
car hire

o navio • ship

o radar
radar

a antena
de rádio
radio antenna

o convés
deck

a chaminé
funnel

o tombadilho
superior
quarterdeck

a proa
prow

a linha de
flutuação
Plimsoll line

a vigia
porthole

o casco
hull

o bote salva-
vidas
lifeboat

a quilha
keel

a hélice
propeller

o transatlântico | ocean liner

a ponte de comando
bridge

a casa das máquinas
engine room

o camarote
cabin

a cozinha
galley

vocabulário • vocabulary

a doca dock	o cabrestante windlass
o porto port	o capitão captain
o portaló gangway	a lancha rápida speedboat
a âncora anchor	o barco a remos rowing boat
o cabeço bollard	a canoa canoe

outras embarcações • other ships

o ferry
ferry

o motor fora-de-borda
outboard motor

o barco salva-vidas insuflável
inflatable dinghy

o hidrofoil
hydrofoil

o iate
yacht

o catamarã
catamaran

o rebocador
tug boat

o hovercraft
hovercraft

o cordame
rigging

o porão
hold

o navio porta-contentores
container ship

o barco à vela
sailing boat

o navio de carga
freighter

o petroleiro
oil tanker

o porta-aviões
aircraft carrier

o navio de guerra
battleship

a torre de comando
conning tower

o submarino
submarine

o porto • port

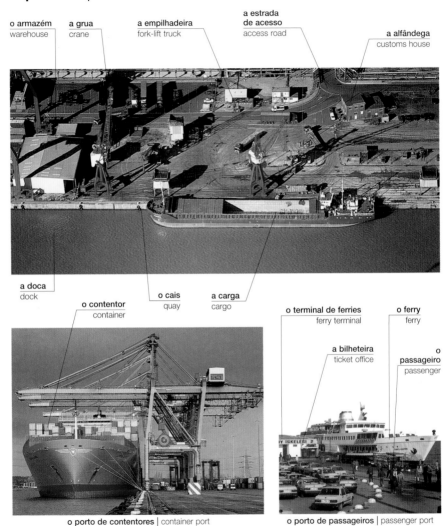

o armazém
warehouse

a grua
crane

a empilhadeira
fork-lift truck

a estrada
de acesso
access road

a alfândega
customs house

a doca
dock

o cais
quay

a carga
cargo

o contentor
container

o porto de contentores | container port

o terminal de ferries
ferry terminal

o ferry
ferry

a bilheteira
ticket office

o
passageiro
passenger

o porto de passageiros | passenger port

a rede
net

o barco de pesca
fishing boat

a ancoragem
mooring

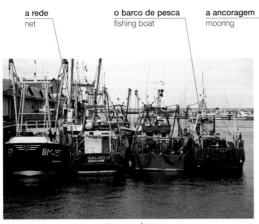

a marina | marina

o porto de pesca | fishing port

o porto | harbour

o embarcadouro | pier

o pontão
jetty

o estaleiro
shipyard

a lâmpada
lamp

o farol
lighthouse

a bóia
buoy

vocabulário • vocabulary

o guarda-costeiro coastguard	a doca seca dry dock	embarcar (v) board (v)
o capitão do porto harbour master	amarrar (v) moor (v)	desembarcar (v) disembark (v)
fundear (v) drop anchor (v)	atracar (v) dock (v)	zarpar (v) set sail (v)

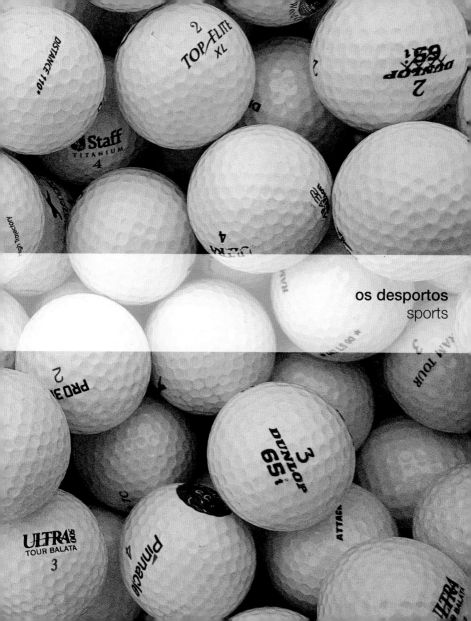

os desportos
sports

o futebol americano • American football

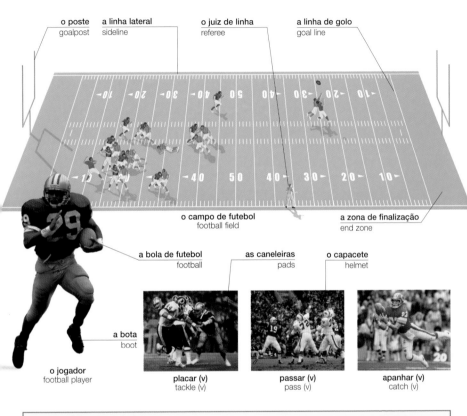

o poste
goalpost

a linha lateral
sideline

o juiz de linha
referee

a linha de golo
goal line

o campo de futebol
football field

a zona de finalização
end zone

a bola de futebol
football

as caneleiras
pads

o capacete
helmet

a bota
boot

o jogador
football player

placar (v)
tackle (v)

passar (v)
pass (v)

apanhar (v)
catch (v)

---

vocabulário • vocabulary

o tempo morto time out	**a equipa** team	**a defesa** defence	**a chefe de claque** cheerleader	**Como vai o jogo?** What is the score?
o mau passe da bola fumble	**o ataque** attack	**a pontuação** score	**o ensaio** touchdown	**Quem está a ganhar?** Who is winning?

o râguebi • rugby

a baliza | goal

a zona de ensaio | in-goal area

a linha lateral | touch line

a bandeira | flag

a linha de fundo | dead ball line

o campo de râguebi | rugby pitch

a bola | ball

atirar (v) | throw (v)

a roupa da equipa | rugby strip

chutar (v) | kick (v)

passar (v) | pass (v)

placar (v) | tackle (v)

o ensaio | try

o jogador | player

o ruck | ruck

a mêlée | scrum

o futebol • soccer

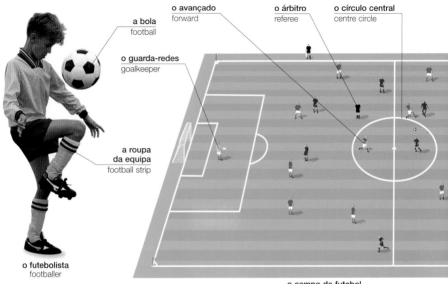

a bola
football

o guarda-redes
goalkeeper

**a roupa
da equipa**
football strip

o futebolista
footballer

o avançado
forward

o árbitro
referee

o círculo central
centre circle

o campo de futebol
football pitch

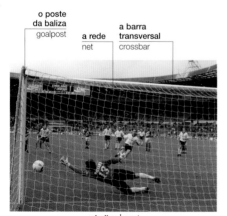

**o poste
da baliza**
goalpost

a rede
net

**a barra
transversal**
crossbar

a baliza | goal

driblar (v) | dribble (v)

cabecear (v)
head (v)

a barreira
wall

o pontapé livre | free kick

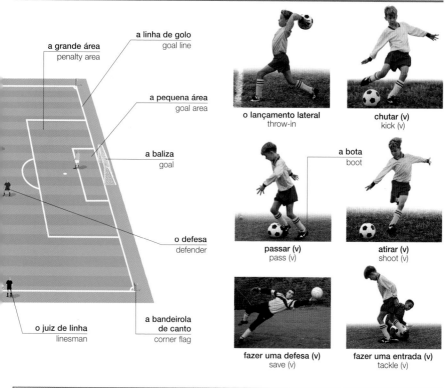

a grande área
penalty area

a linha de golo
goal line

a pequena área
goal area

a baliza
goal

o defesa
defender

o juiz de linha
linesman

a bandeirola
de canto
corner flag

o lançamento lateral
throw-in

chutar (v)
kick (v)

a bota
boot

passar (v)
pass (v)

atirar (v)
shoot (v)

fazer uma defesa (v)
save (v)

fazer uma entrada (v)
tackle (v)

vocabulário • vocabulary

o estádio stadium	a falta foul	o cartão amarelo yellow card	a liga league	o prolongamento extra time
marcar um golo (v) score a goal (v)	o canto corner	o fora de jogo offside	o empate draw	o suplente substitute
a grande penalidade penalty	o cartão vermelho red card	a expulsão send off	o intervalo half time	a substituição substitution

o hóquei • hockey

o hóquei no gelo • ice hockey

a zona de defesa
defending zone

a linha
de baliza
goal line

a zona
de ataque
attack zone

a zona neutra
neutral zone

o guarda-redes
goalkeeper

a ombreira
pad

a baliza
goal

o círculo de
posição de jogo
face-off circle

o círculo central
centre circle

a luva
glove

o patim
de gelo
ice skate

a pista de hóquei no gelo
ice hockey rink

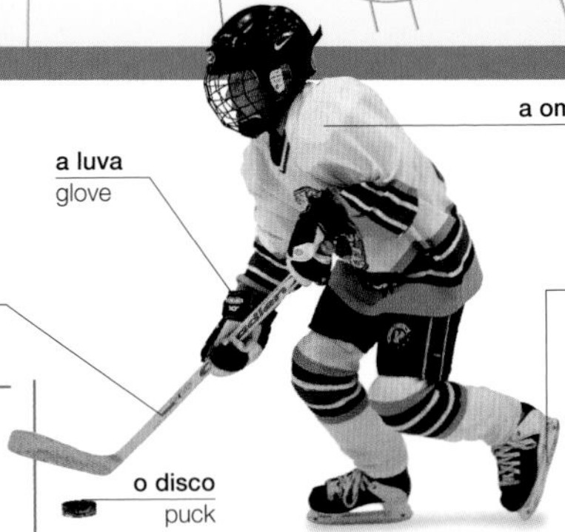

o taco
stick

o hóquei de campo •
field hockey

o taco de hóquei
hockey stick

a bola
ball

o disco
puck

o jogador | ice hockey player

patinar (v)
skate (v)

bater (v)
hit (v)

o críquete • cricket

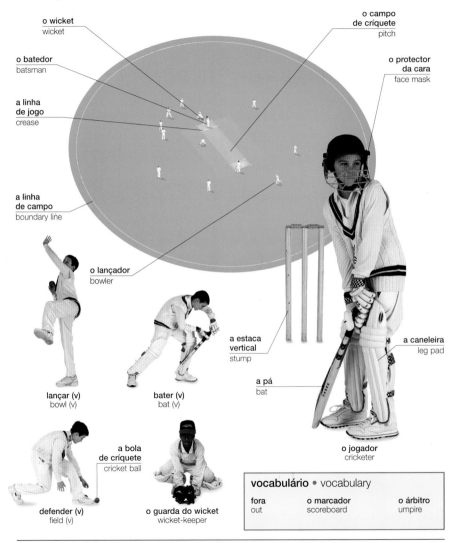

o wicket
wicket

o campo
de críquete
pitch

o batedor
batsman

o protector
da cara
face mask

a linha
de jogo
crease

a linha
de campo
boundary line

o lançador
bowler

a estaca
vertical
stump

a caneleira
leg pad

a pá
bat

lançar (v)
bowl (v)

bater (v)
bat (v)

o jogador
cricketer

defender (v)
field (v)

o guarda do wicket
wicket-keeper

a bola
de críquete
cricket ball

vocabulário • vocabulary		
fora	**o marcador**	**o árbitro**
out	scoreboard	umpire

o basquetebol • basketball

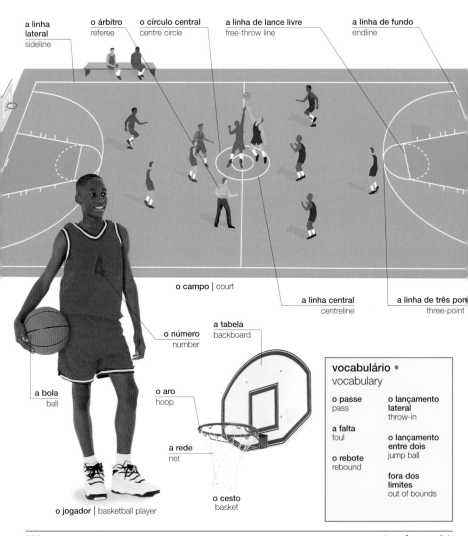

a linha lateral
sideline

o árbitro
referee

o círculo central
centre circle

a linha de lance livre
free-throw line

a linha de fundo
endline

o campo | court

a linha central
centreline

a linha de três pontos
three-point

o número
number

a tabela
backboard

a bola
ball

o aro
hoop

a rede
net

o cesto
basket

o jogador | basketball player

vocabulário • vocabulary

o passe pass	o lançamento lateral throw-in
a falta foul	o lançamento entre dois jump ball
o rebote rebound	fora dos limites out of bounds

as acções • actions

lançar (v)
throw (v)

apanhar (v)
catch (v)

arremessar (v)
shoot (v)

saltar (v)
jump (v)

marcar (v)
mark (v)

bloquear (v)
block (v)

bater (v)
bounce (v)

encestar (v)
dunk (v)

o voleibol • volleyball

bloquear (v)
block (v)

a rede
net

defender baixo (v)
dig (v)

o árbitro
referee

a joelheira
knee support

o campo | court

o basebol • baseball

o campo • field

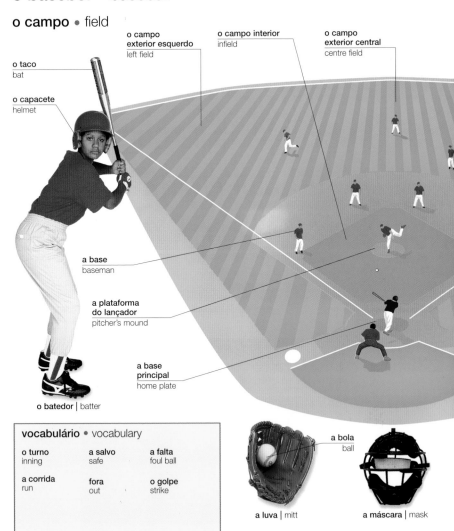

o campo
exterior esquerdo
left field

o campo interior
infield

o campo
exterior central
centre field

o taco
bat

o capacete
helmet

a base
baseman

a plataforma
do lançador
pitcher's mound

a base
principal
home plate

o batedor | batter

vocabulário • vocabulary

o turno inning	a salvo safe	a falta foul ball
a corrida run	fora out	o golpe strike

a bola
ball

a luva | mitt

a máscara | mask

as acções • actions

o campo
exterior
outfield

o campo
exterior direito
right field

a linha
de jogo
foul line

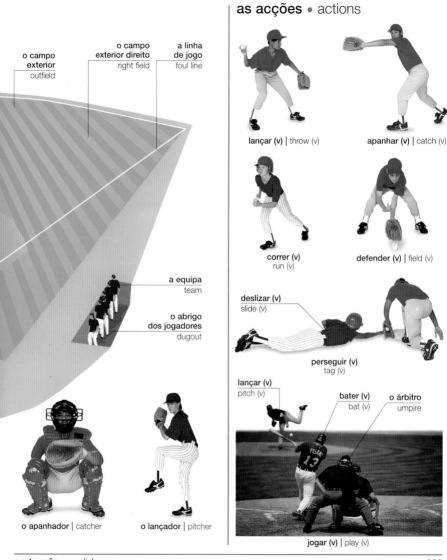

lançar (v) | throw (v)

apanhar (v) | catch (v)

correr (v)
run (v)

defender (v) | field (v)

a equipa
team

o abrigo
dos jogadores
dugout

deslizar (v)
slide (v)

perseguir (v)
tag (v)

lançar (v)
pitch (v)

bater (v)
bat (v)

o árbitro
umpire

o apanhador | catcher

o lançador | pitcher

jogar (v) | play (v)

o ténis • tennis

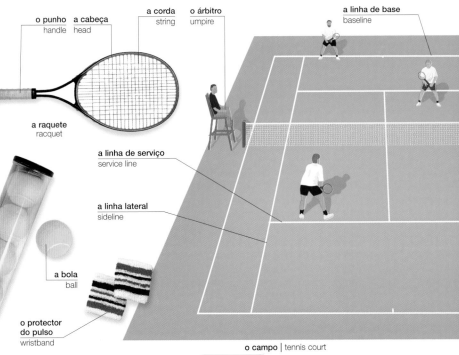

o punho — handle
a cabeça — head
a corda — string
o árbitro — umpire
a linha de base — baseline
a raquete — racquet
a linha de serviço — service line
a linha lateral — sideline
a bola — ball
o protector do pulso — wristband

o campo | tennis court

vocabulário • vocabulary

os singulares singles	o set set	o empate deuce	a falta fault	o golpe com efeito slice	o efeito spin
as duplas doubles	a partida match	a vantagem advantage	o ás ace	a troca de bolas rally	o juiz de linha linesman
o jogo game	o tiebreak tiebreak	zero love	o golpe curto dropshot	rede! let!	o campeonato championship

os golpes • strokes

a rede
net

o smash
smash

o apanha-bolas
ball boy

servir (v)
serve (v)

o serviço
serve

o voleio
volley

a devolução
return

o lob
lob

os ténis
tennis shoes

o golpe de direita
forehand

o golpe de esquerda
backhand

o jogador | player

os jogos de raquete • racquet games

o volante
shuttlecock

a raquete
bat

o badminton
badminton

o ténis de mesa
table tennis

o squash
squash

o raquetebol
racquetball

o golfe • golf

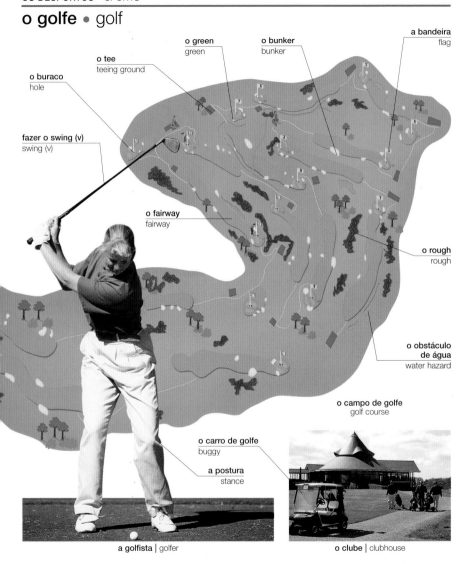

o buraco
hole

o tee
teeing ground

o green
green

o bunker
bunker

a bandeira
flag

fazer o swing (v)
swing (v)

o fairway
fairway

o rough
rough

**o obstáculo
de água**
water hazard

o campo de golfe
golf course

o carro de golfe
buggy

a postura
stance

a golfista | golfer

o clube | clubhouse

o equipamento • equipment

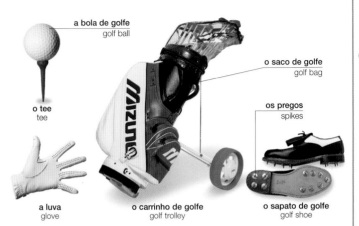

a bola de golfe
golf ball

o tee
tee

o saco de golfe
golf bag

os pregos
spikes

a luva
glove

o carrinho de golfe
golf trolley

o sapato de golfe
golf shoe

os tacos de golfe
• golf clubs

o taco de madeira
wood

o putter
putter

o taco de ferro
iron

o wedge
wedge

as acções • actions

iniciar (v)
tee-off (v)

dar uma tacada
longa (v)
drive (v)

fazer um putt (v)
putt (v)

fazer um chip (v)
chip (v)

---

vocabulário • vocabulary

o par par	acima do par over par	o handicap handicap	o caddie caddy	o backswing backswing	o golpe stroke
abaixo do par under par	o buraco com uma tacada hole in one	o torneio tournament	os espectadores spectators	o swing de prática practice swing	a linha de jogo line of play

o atletismo • athletics

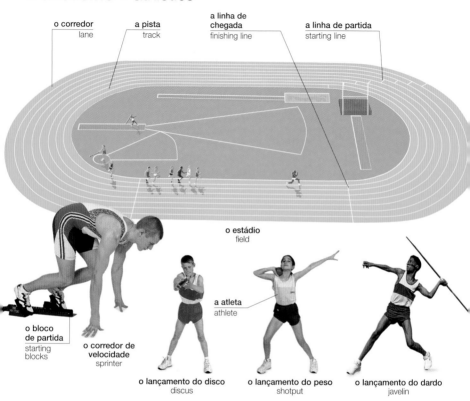

o corredor
lane

a pista
track

a linha de chegada
finishing line

a linha de partida
starting line

o estádio
field

a atleta
athlete

o bloco de partida
starting blocks

o corredor de velocidade
sprinter

o lançamento do disco
discus

o lançamento do peso
shotput

o lançamento do dardo
javelin

vocabulário • vocabulary

a corrida race	o recorde record	o photo finish photo finish	o salto à vara pole vault
o tempo time	bater recorde (v) break a record (v)	a maratona marathon	a melhor marca pessoal personal best

o cronómetro
stopwatch

o bastão
baton

a barra
crossbar

a corrida de estafetas
relay race

o salto em altura
high jump

o salto em comprimento
long jump

a corrida de barreiras
hurdles

a ginástica • gymnastics

o trampolim
springboard

a ginasta
gymnast

o cavalo
horse

o salto mortal
somersault

a trave | beam

a fita
ribbon

o tapete
praticável
mat

o salto de cavalo
vault

os exercícios de solo
floor exercises

a roda
cartwheel

ginástica rítmica
rhythmic gymnastics

vocabulário • vocabulary

a barra horizontal horizontal bar	**o cavalo com arções** pommel horse	**as argolas** rings	**as medalhas** medals	**de prata** silver
as paralelas parallel bars	**as paralelas assimétricas** asymmetric bars	**o pódio** podium	**de ouro** gold	**de bronze** bronze

os desportos de combate • combat sports

o adversário
opponent

o protector
guard

a luva
glove

a faixa
belt

o karaté | karate

o tae kwon do | tae-kwon-do

a máscara
mask

o judo | judo

a espada
sword

o aikido | aikido

o kendo | kendo

o kung fu | kung fu

o kickboxing | kickboxing

a luta livre | wrestling

o jogo de boxe | boxing

as acções • actions

a queda | fall   **o agarrar** | hold   **a projecção** | throw   **a imobilização** | pin

o pontapé | kick   **o soco** | punch   **o ataque** | strike

o pontapé em salto | jump   **o bloqueio** | block   **o ataque de mão aberta** | chop

vocabulário • vocabulary

o ringue de boxe boxing ring	**o assalto** round	**o punho** fist	**a faixa preta** black belt	**a capoeira** capoeira
as luvas de boxe boxing gloves	**o combate** bout	**o nocaute** knock out	**a defesa pessoal** self-defence	**a luta sumo** sumo wrestling
o protector dos dentes mouth guard	**o treinamento** sparring	**o saco de boxe** punchbag	**as artes marciais** martial arts	**o tai-chi** Tai Chi

a natação • swimming
o equipamento • equipment

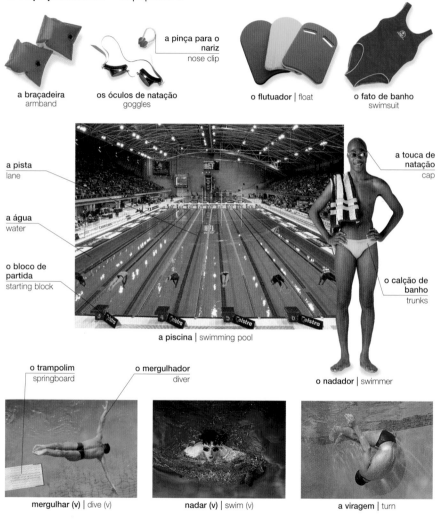

a braçadeira
armband

os óculos de natação
goggles

a pinça para o nariz
nose clip

o flutuador | float

o fato de banho
swimsuit

a pista
lane

a água
water

o bloco de partida
starting block

a touca de natação
cap

o calção de banho
trunks

a piscina | swimming pool

o trampolim
springboard

o mergulhador
diver

o nadador | swimmer

mergulhar (v) | dive (v)

nadar (v) | swim (v)

a viragem | turn

os estilos • styles

crawl | front crawl

bruços | breaststroke

a braçada
stroke

a pernada
kick

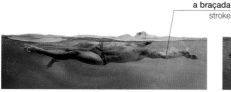

costas | backstroke

mariposa | butterfly

o mergulho submarino • scuba diving

o fato isotérmico
wetsuit

a garrafa de ar
air cylinder

a máscara
mask

a barbatana
flipper

o regulador
regulator

o cinto de pesos
weight belt

o tubo de
respiração
snorkel

---

vocabulário • vocabulary

o mergulho dive	**fazer água (v)** tread water (v)	**os cacifos** lockers	**o pólo aquático** water polo	**a parte pouco profunda** shallow end	**a cãibra** cramp
o mergulho alto high dive	**o mergulho de partida** racing dive	**o salva-vidas** lifeguard	**a parte profunda** deep end	**a natação sincronizada** synchronized swimming	**afogar-se (v)** drown (v)

a vela • sailing

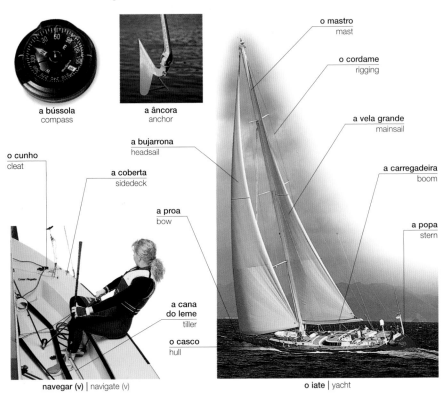

a bússola
compass

a âncora
anchor

o mastro
mast

o cordame
rigging

a bujarrona
headsail

a vela grande
mainsail

o cunho
cleat

a coberta
sidedeck

a carregadeira
boom

a proa
bow

a popa
stern

a cana
do leme
tiller

o casco
hull

navegar (v) | navigate (v)

o iate | yacht

a segurança • safety

o sinal luminoso
flare

a bóia de salvação
lifebuoy

o colete de salvação
life jacket

a balsa de salvamento
life raft

os desportos aquáticos • watersports

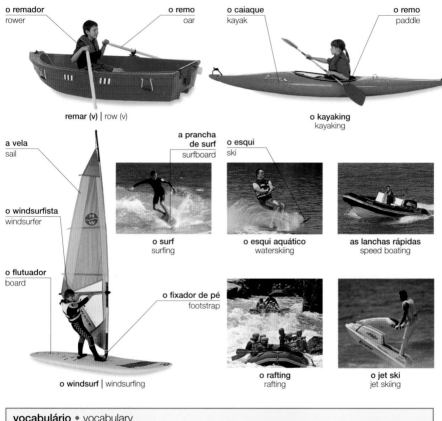

o remador
rower

o remo
oar

remar (v) | row (v)

o caiaque
kayak

o remo
paddle

o kayaking
kayaking

a vela
sail

a prancha
de surf
surfboard

o esqui
ski

o windsurfista
windsurfer

o flutuador
board

o surf
surfing

o esqui aquático
waterskiing

as lanchas rápidas
speed boating

o fixador de pé
footstrap

o windsurf | windsurfing

o rafting
rafting

o jet ski
jet skiing

vocabulário • vocabulary

o esquiador aquático waterskier	a tripulação crew	o vento wind	a rebentação surf	a escota sheet	o patilhão centreboard
o surfista surfer	virar (v) tack (v)	a onda wave	os rápidos rapids	o leme rudder	virar (v) capsize (v)

a equitação • horse riding

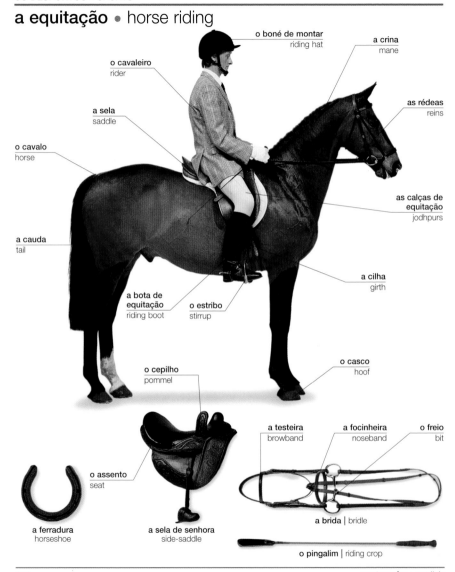

o boné de montar
riding hat

a crina
mane

o cavaleiro
rider

as rédeas
reins

a sela
saddle

o cavalo
horse

as calças de
equitação
jodhpurs

a cauda
tail

a cilha
girth

a bota de
equitação
riding boot

o estribo
stirrup

o casco
hoof

o cepilho
pommel

a testeira
browband

a focinheira
noseband

o freio
bit

o assento
seat

a brida | bridle

a ferradura
horseshoe

a sela de senhora
side-saddle

o pingalim | riding crop

as modalidades • events

o cavalo de corridas
racehorse

a corrida de cavalos
horse race

a barreira
fence

a corrida de obstáculos
steeplechase

a corrida de trote
harness race

o rodeio
rodeo

o concurso hípico de saltos
showjumping

a corrida de carruagens
carriage race

o passeio a cavalo | trekking

a dressage | dressage

o pólo | polo

---

vocabulário • vocabulary

o passo walk	**o galope leve** canter	**o salto** jump	**o cabresto** halter	**o cercado** paddock	**a corrida plana** flat race
o trote trot	**o galope** gallop	**o moço de estrebaria** groom	**o estábulo** stable	**a arena** arena	**o hipódromo** racecourse

---

a pesca • fishing

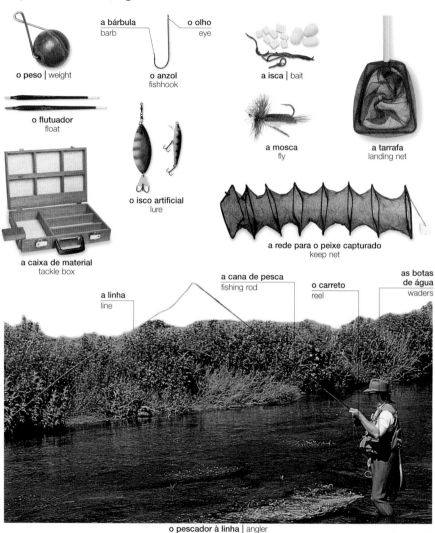

o peso | weight

a bárbula
barb

o olho
eye

o anzol
fishhook

a isca | bait

o flutuador
float

o isco artificial
lure

a mosca
fly

a tarrafa
landing net

a rede para o peixe capturado
keep net

a caixa de material
tackle box

a linha
line

a cana de pesca
fishing rod

o carreto
reel

as botas
de água
waders

o pescador à linha | angler

os tipos de pesca • types of fishing

a pesca em água doce
freshwater fishing

a pesca com mosca
fly fishing

a pesca desportiva
sport fishing

a pesca de alto mar
deep sea fishing

a pesca surfcasting
surfcasting

as acções • activities

lançar (v)
cast (v)

apanhar (v)
catch (v)

recolher (v)
reel in (v)

**apanhar com
a rede (v)**
net (v)

libertar (v)
release (v)

---

vocabulário • vocabulary

iscar (v) bait (v)	**o material** tackle	**a roupa impermeável** waterproofs	**a licença de pesca** fishing permit	**o cesto** creel
morder (v) bite (v)	**o tambor** spool	**a vara** pole	**a pesca marítima** marine fishing	**a pesca com arpão** spearfishing

---

o esqui • skiing

a pista de equi
ski slope

a telecadeira
chairlift

o teleférico
cable car

a luva
glove

o bastão
ski pole

a pista de esqui
ski run

a barreira de
segurança
safety barrier

a lâmina
edge

a ponta
tip

o esqui
ski

o casaco
para esqui
ski jacket

a esquiadora
skier

a bota de esqui
ski boot

as modalidades • events

o esqui downhill
downhill skiing

a porta
gate

o slalom
slalom

o salto
ski jump

o esqui de fundo
cross-country skiing

os desportos de inverno • winter sports

a escalada no gelo
ice climbing

a patinagem no gelo
ice-skating

os óculos
goggles

o patim
skate

a patinagem artística
figure skating

o snowboarding
snowboarding

o bobsleigh
bobsleigh

o luge
luge

a mota de neve
snowmobile

andar de trenó
sledding

vocabulário • vocabulary

o esqui alpino
alpine skiing

o slalom gigante
giant slalom

fora da pista
off-piste

o curling
curling

o trenó com cães
dog sledding

a patinagem de velocidade
speed skating

o biatlo
biathlon

a avalanche
avalanche

outros desportos • other sports

o planador
glider

a asa delta
hang-glider

o voo planado
gliding

o pára-quedas
parachute

o voo com asa delta
hang-gliding

a corda
rope

a escalada
rock climbing

o paraquedismo
parachuting

o parapente
paragliding

o paraquedismo em queda livre
skydiving

o rapel
abseiling

o bungee-jumping
bungee jumping

português • english

o rally
rally driving

o piloto de
corridas
racing driver

o automobilismo
motor racing

o motocross
motorcross

o motociclismo
motorbike racing

o skate
skateboard

andar de skate
skateboarding

a patinagem em linha
inline skating

a raquete
stick

o lacrosse
lacrosse

a máscara
mask

o florete
foil

a esgrima
fencing

o paulito
pin

o bowling
bowling

o arco
bow

a flecha
arrow

a aljava
quiver

o tiro ao arco
archery

o alvo
target

o tiro ao alvo
target shooting

a bola de
bowling
bowling ball

o bilhar americano
pool

o snooker
snooker

a forma física • fitness

a bicicleta fixa
exercise bike

a máquina de exercício
gym machine

o banco
bench

os pesos
free weights

a barra
bar

o ginásio
gym

a máquina de remo
rowing machine

a bicicleta elíptica
cross trainer

a passadeira
treadmill

a treinadora pessoal
personal trainer

a máquina de step
step machine

a piscina
swimming pool

a sauna
sauna

os exercícios • exercises

o alongamento
stretch

a flexão com alongamento
lunge

os collants sem pés
tights

a flexão
press-up

o agachamento
squat

o abdominal
sit-up

o peso
dumbbell

a rosca bíceps
bicep curl

o leg press
leg press

o chest press
chest press

o ténis
trainers

a barra de pesos
weight bar

o levantamento de pesos
weight training

o jogging
jogging

o Pilates
Pilates

vocabulário • vocabulary

treinar (v) train (v)	**fazer corrida estática (v)** jog on the spot (v)	**alongar (v)** extend (v)	**o boxercise** boxercise	**saltar à corda (v)** skipping
aquecer (v) warm up (v)	**flexionar (v)** flex (v)	**levantar (v)** pull up (v)	**o treino em circuito** circuit training	

o lazer
leisure

o **teatro** • theatre

a cortina
curtain

os bastidores
wings

o cenário
set

o público
audience

a orquestra
orchestra

o palco | stage

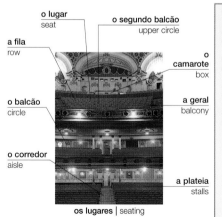

o lugar
seat

o segundo balcão
upper circle

a fila
row

o
camarote
box

o balcão
circle

a geral
balcony

o corredor
aisle

a plateia
stalls

os lugares | seating

vocabulário • vocabulary

o elenco cast	o guião script	a estreia first night
o actor actor	o pano de fundo backdrop	o intervalo interval
a actriz actress	o director director	o programa programme
a peça play	o produtor producer	o fosso da orquestra orchestra pit

o concerto | concert

o musical | musical

o traje
costume

o bailado | ballet

vocabulário • vocabulary

o arrumador
usher

a música clássica
classical music

a partitura
musical score

a banda sonora
soundtrack

aplaudir (v)
applaud (v)

o bis
encore

A que horas começa?
What time does it start?

Queria dois bilhetes para a sessão desta noite.
I'd like two tickets for tonight's performance.

a ópera | opera

o cinema • cinema

as pipocas
popcorn

o foyer
lobby

a bilheteira
box office

o cartaz
poster

o cinema
cinema hall

o ecrã
screen

vocabulário • vocabulary

a comédia
comedy

o filme de
suspense
thriller

o filme de terror
horror film

o filme do oeste
western

o filme romântico
romance

o filme de ficção científica
science fiction film

o filme de aventura
adventure film

o filme de
desenhos animados
animated film

a orquestra • orchestra

os instrumentos de corda • strings

a harpa
harp

o maestro
conductor

o contrabaixo
double bass

o violino
violin

o pódio
podium

a viola
viola

o violoncelo
cello

a partitura
score

a clave de sol
treble clef

a nota
note

a pauta
staff

a clave de fá
bass clef

o piano | piano

a notação | notation

vocabulário • vocabulary					
a abertura overture	a sonata sonata	a pausa rest	sustenido sharp	natural natural	a escala scale
a sinfonia symphony	os instrumentos instruments	o tom pitch	bemol flat	a barra bar	a batuta baton

os instrumentos de sopro de madeira • woodwind

o flautim
piccolo

a flauta
flute

o oboé
oboe

o corne inglês
cor anglais

o clarinete
clarinet

o clarinete baixo
bass clarinet

o fagote
bassoon

o contrafagote
double bassoon

o saxofone
saxophone

os instrumentos de percussão • percussion

o vibrafone
vibraphone

os bongos
bongos

o tambor pequeno
snare drum

o tímbale
kettledrum

o tantã
gong

o címbalo
cymbals

a pandeireta
tambourine

o pedal
foot pedal

o triângulo
triangle

as maracas
maracas

os instrumentos de sopro de metal • brass

o trompete
trumpet

o trombone
trombone

a trompa
French horn

a tuba
tuba

o concerto • concert

a coluna
speaker

os fãs
fans

o vocalista
lead singer

o guitarrista
guitarist

o microfone
microphone

o baterista
drummer

o concerto de rock | rock concert

os instrumentos • instruments

o micro
pickup

o braço
neck

o trasto
fret

a cravelha
tuning peg

a corda
string

o cavalete
bridge

o tambor
drum

a guitarra baixo
bass guitar

o teclado
keyboard

a guitarra eléctrica
electric guitar

a bateria
drum kit

os estilos musicais • musical styles

o jazz
jazz

o blues
blues

o punk
punk

a música folk
folk music

a pop
pop

a música de dança
dance

o rap
rap

o heavy metal
heavy metal

a música clássica
classical music

---

vocabulário • vocabulary

a canção	**a letra**	**a melodia**	**o ritmo**	**o reggae**	**a música country**	**o holofote**
song	lyrics	melody	beat	reggae	country	spotlight

---

o turismo • sightseeing

o turista
tourist

a atracção turística | tourist attraction

o itinerário
itinerary

descoberto
open-top

o autocarro turístico | tour bus

a guia turística
tour guide

a visita guiada
guided tour

a estatueta
statuette

as recordações
souvenirs

vocabulário • vocabulary

aberto open	**o guia** guidebook	**a câmara de vídeo** camcorder	**esquerda** left	**Onde fica...?** Where is …?
fechado closed	**o filme** film	**a máquina fotográfica** camera	**direita** right	**Perdi-me.** I'm lost.
o preço da entrada entrance fee	**as pilhas** batteries	**as indicações** directions	**a direito** straight on	**Pode indicar-me o caminho para…?** Can you tell me the way to …?

as atracções • attractions

o quadro
painting

a peça exposta
exhibit

a exposição
exhibition

as ruínas famosas
famous ruin

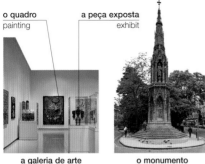

a galeria de arte
art gallery

o monumento
monument

o museu
museum

o edifício histórico
historic building

o casino
casino

os jardins
gardens

o parque nacional
national park

a informação • information

as horas
times

a planta
floor plan

o mapa
map

o horário
timetable

o posto de
informação turística
tourist information

as actividades ao ar livre • outdoor activities

o caminho
para peões
footpath

o relógio de sol
sundial

o café
café

o parque | park

a relva
grass

o banco
bench

os jardins
clássicos
formal gardens

a montanha russa
roller coaster

a feira
fairground

o parque temático
theme park

o parque de safari
safari park

o jardim zoológico
zoo

as actividades • activities

o ciclismo
cycling

o jogging
jogging

andar de skate
skateboarding

a patinagem
rollerblading

o caminho equestre
bridle path

a ornitologia
bird-watching

a equitação
horse riding

o pedestrianismo
hiking

a cesta
hamper

o piquenique
picnic

---

o parque infantil • playground

a caixa de areia
sandpit

a piscina plástica
paddling pool

o baloiço
swing

o balancé | seesaw

o escorrega | slide

a estrutura para escalar
climbing frame

a praia • beach

o hotel
hotel

o guarda-sol
beach umbrella

o toldo
beach hut

a areia
sand

a onda
wave

o mar
sea

o saco de praia
beach bag

o biquini
bikini

tomar banhos de sol (v) | sunbathe (v)

o salva-vidas
lifeguard

a torre de vigilância
lifeguard tower

o corta-vento
windbreak

o passeio marítimo
promenade

a espreguiçadeira
deck chair

os óculos de sol
sunglasses

o chapéu de sol
sunhat

o creme solar
suntan lotion

o protector solar total
sunblock

a bola de praia
beach ball

a bóia
rubber ring

o fato de banho
swimsuit

a pá
spade

o balde
bucket

o castelo de areia
sandcastle

a toalha de praia
beach towel

a concha
shell

o campismo • camping

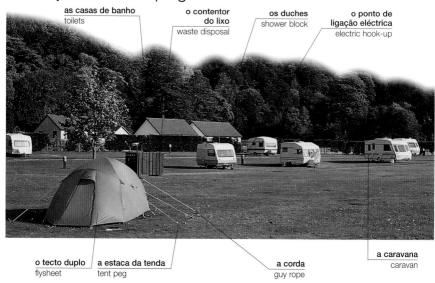

as casas de banho
toilets

o contentor do lixo
waste disposal

os duches
shower block

o ponto de ligação eléctrica
electric hook-up

o tecto duplo
flysheet

a estaca da tenda
tent peg

a corda
guy rope

a caravana
caravan

o parque de campismo | campsite

vocabulário • vocabulary

acampar (v)
camp (v)

o escritório do chefe do parque
site manager's office

há lugares disponíveis
pitches available

cheio
full

o lugar
pitch

montar uma tenda (v)
pitch a tent (v)

a estaca da tenda
tent pole

a cama de campismo
camp bed

a mesa de piquenique
picnic bench

a cama de rede
hammock

a roulotte
camper van

o atrelado
trailer

o carvão
charcoal

a acendalha
firelighter

acender uma fogueira (v)
light a fire (v)

a fogueira
campfire

a estrutura
frame

a base isolante
ground sheet

a mochila
backpack

o termo
vacuum flask

o cantil
water bottle

a tenda
tent

o repelente de insectos
insect repellent

a lanterna
torch

o mosquiteiro
mosquito net

**a roupa
termo-isolante**
thermals

as botas de trekking
walking boots

a roupa impermeável
waterproofs

o saco de dormir
sleeping bag

a esteira
sleeping mat

**o fogão
de campismo**
camping stove

o churrasco
barbecue

o colchão insuflável | air mattress

o entretenimento no lar • home entertainment

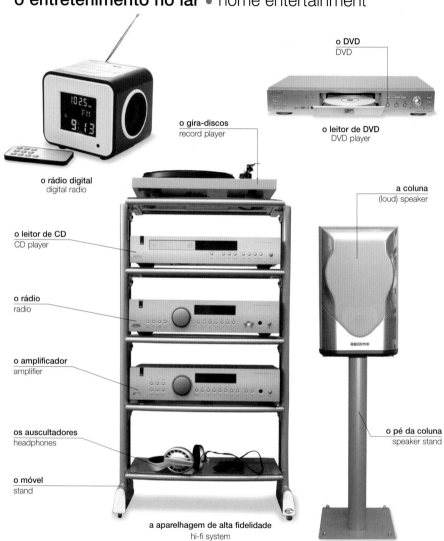

o DVD
DVD

o gira-discos
record player

o leitor de DVD
DVD player

o rádio digital
digital radio

a coluna
(loud) speaker

o leitor de CD
CD player

o rádio
radio

o amplificador
amplifier

os auscultadores
headphones

o móvel
stand

o pé da coluna
speaker stand

a aparelhagem de alta fidelidade
hi-fi system

o ecrã
screen

a viseira
eyecup

a box digital
digital box

a câmara de vídeo
camcorder

a antena parabólica
satellite dish

o televisor de
ecrã plano
flatscreen TV

a consola
console

o avanço rápido
fast forward

a pausa
pause

gravar
record

o volume
volume

rebobinar (v)
rewind (v)

parar
stop

o comando
controller

ler
play

o jogo de vídeo | video game

o telecomando | remote control

vocabulário • vocabulary

o disco compacto compact disc	o anúncio advertisement	a televisão por cabo cable television	o programa programme	ver a televisão (v) watch television (v)
a cassete cassette tape	digital digital	o canal pay-per-view pay per view channel	o estéreo stereo	desligar a televisão (v) turn the television off (v)
o leitor de cassetes cassette player	o streaming streaming	mudar de canal (v) change channel (v)	o wifi Wi-Fi	sintonizar o rádio (v) tune the radio (v)
o longa metragem feature film	alta definição high-definition	ligar a televisão (v) turn the television on (v)		

a fotografia • photography

o disparador
shutter release

o botão da abertura
do diafragma
aperture dial

o filtro
filter

a tampa da objectiva
lens cap

a objectiva
lens

a câmara SLR | SLR camera

o flash electrónico
flash gun

o fotómetro
lightmeter

a teleobjectiva
zoom lens

o tripé
tripod

os tipos de câmara • types of camera

a câmara Polaroid
Polaroid camera

a câmara digital
digital camera

o flash
flash

o telemóvel com câmara
cameraphone

a câmara descartável
disposable camera

fotografar (v) • photograph (v)

o rolo
film spool

a película
film

focar (v)
focus (v)

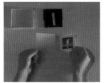

revelar (v)
develop (v)

o negativo
negative

o formato horizontal
landscape

o formato vertical
portrait

o álbum de fotografias
photo album

a moldura
photo frame

a fotografia | photograph

os problemas • problems

subexposto
underexposed

sobrexposto
overexposed

desfocado
out of focus

os olhos vermelhos
red eye

vocabulário • vocabulary

o visor
viewfinder

a foto (revelada)
print

o estojo da câmara
camera case

mate
matte

a exposição
exposure

brilhante
gloss

a câmara escura
darkroom

a ampliação
enlargement

Gostaria de revelar este rolo.
I'd like this film processed.

os jogos • games

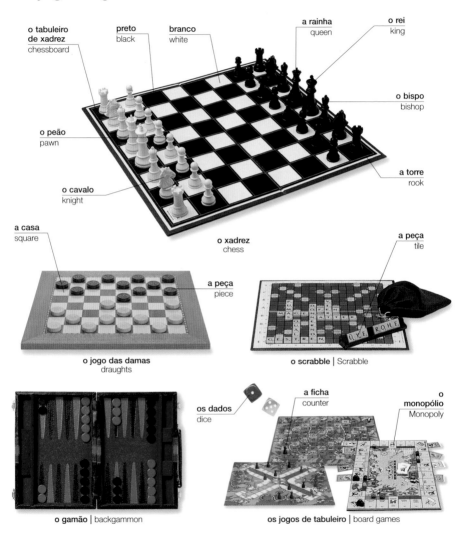

o tabuleiro de xadrez
chessboard

preto
black

branco
white

a rainha
queen

o rei
king

o bispo
bishop

o peão
pawn

a torre
rook

o cavalo
knight

a casa
square

o xadrez
chess

a peça
tile

a peça
piece

o jogo das damas
draughts

o scrabble | Scrabble

os dados
dice

a ficha
counter

o monopólio
Monopoly

o gamão | backgammon

os jogos de tabuleiro | board games

português • english

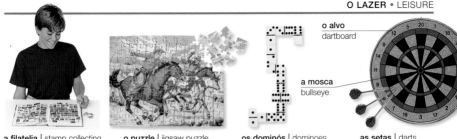

a filatelia | stamp collecting   **o puzzle** | jigsaw puzzle   **os dominós** | dominoes   **as setas** | darts

o alvo
dartboard

a mosca
bullseye

o joker
joker

o valete
jack

a rainha
queen

o rei
king

o ás
ace

ouros
diamond

espadas
spade

copas
heart

paus
club

as cartas | cards

baralhar (v) | shuffle (v)

dar as cartas (v) | deal (v)

vocabulário • vocabulary

a jogada move	ganhar (v) win (v)	o perdedor loser	o ponto point	o bridge bridge	**Lança os dados.** Roll the dice.
jogar (v) play (v)	o vencedor winner	o jogo game	a pontuação score	o baralho pack of cards	**É a vez de quem?** Whose turn is it?
o jogador player	perder (v) lose (v)	a aposta bet	o poker poker	o naipe suit	**É a tua vez.** It's your move.

as artes manuais 1 • arts and crafts 1

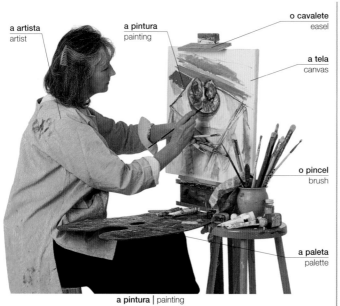

a artista
artist

a pintura
painting

o cavalete
easel

a tela
canvas

o pincel
brush

a paleta
palette

a pintura | painting

as tintas •
paints

as tintas de óleo
oil paints

as aguarelas
watercolour paint

os pastéis
pastels

a tinta acrílica
acrylic paint

o guache
poster paint

as cores • colours

vermelho
red

azul
blue

amarelo
yellow

verde
green

laranja
orange

roxo
purple

branco
white

preto
black

cinzento
grey

rosa
pink

castanho
brown

anil
indigo

outras artes manuais • other crafts

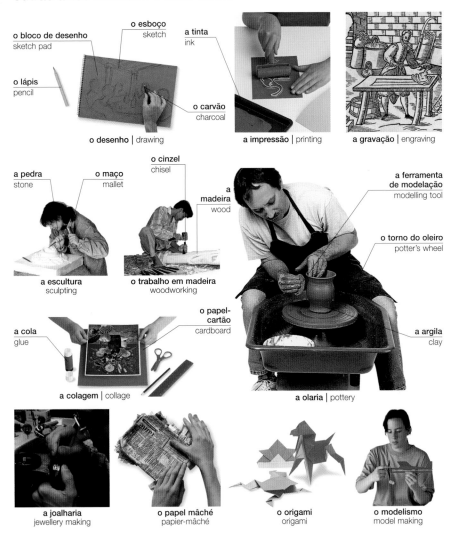

o bloco de desenho
sketch pad

o esboço
sketch

a tinta
ink

o lápis
pencil

o carvão
charcoal

o desenho | drawing

a impressão | printing

a gravação | engraving

a pedra
stone

o maço
mallet

o cinzel
chisel

a madeira
wood

a ferramenta
de modelação
modelling tool

o torno do oleiro
potter's wheel

a escultura
sculpting

o trabalho em madeira
woodworking

a cola
glue

o papel-cartão
cardboard

a argila
clay

a colagem | collage

a olaria | pottery

a joalharia
jewellery making

o papel mâché
papier-mâché

o origami
origami

o modelismo
model making

as artes manuais 2 • arts and crafts 2

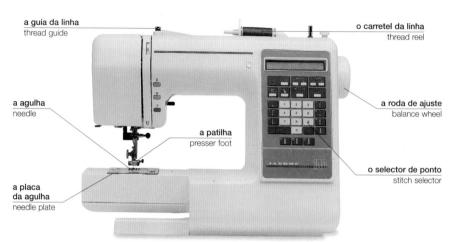

a guia da linha
thread guide

o carretel da linha
thread reel

a agulha
needle

a roda de ajuste
balance wheel

a patilha
presser foot

a placa
da agulha
needle plate

o selector de ponto
stitch selector

a máquina de costura | sewing machine

a tesoura
scissors

o molde
pattern

**a almofada
de alfinetes**
pincushion

a fita métrica
tape measure

o tecido
material

o alfinete
pin

a linha
thread

**o colchete
fêmea**
eye

o cesto de costura
sewing basket

a bobina
bobbin

**o colchete
macho**
hook

o dedal
thimble

o marcador
tailor's chalk

o manequim
tailor's dummy

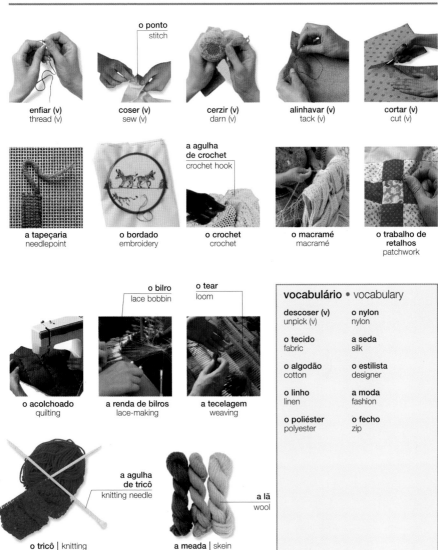

enfiar (v)
thread (v)

coser (v)
sew (v)

o ponto
stitch

cerzir (v)
darn (v)

alinhavar (v)
tack (v)

cortar (v)
cut (v)

a tapeçaria
needlepoint

o bordado
embroidery

a agulha
de crochet
crochet hook

o crochet
crochet

o macramé
macramé

**o trabalho de
retalhos**
patchwork

o bilro
lace bobbin

o tear
loom

o acolchoado
quilting

a renda de bilros
lace-making

a tecelagem
weaving

vocabulário • vocabulary

descoser (v)
unpick (v)

o nylon
nylon

o tecido
fabric

a seda
silk

o algodão
cotton

o estilista
designer

o linho
linen

a moda
fashion

o poliéster
polyester

o fecho
zip

a agulha
de tricô
knitting needle

a lã
wool

o tricô | knitting

a meada | skein

o ambiente
environment

o espaço • space

Mercúrio
Mercury

Terra
Earth

Marte
Mars

Júpiter
Jupiter

Urano
Uranus

Neptuno
Neptune

Plutão
Pluto

Vénus
Venus

Sol
Sun

Lua
Moon

Saturno
Saturn

o sistema solar | solar system

a cauda
tail

a estrela
star

a galáxia
galaxy

a nebulosa
nebula

o asteróide
asteroid

o cometa
comet

vocabulário • vocabulary

o universo universe	o buraco **negro** black hole	a lua cheia full moon
a órbita orbit	o planeta planet	a lua nova new moon
a gravidade gravity	o meteoro meteor	o quarto crescente crescent moon

o eclipse | eclipse

a exploração do espaço • space exploration

o radar
radar

o vaivém espacial
space shuttle

o propulsor
thruster

a escotilha
crew hatch

o fato espacial
space suit

o lança-foguetes
booster

o astronauta | astronaut

o módulo lunar | lunar module

a rampa de lançamento
launch pad

o lançamento
launch

o satélite
satellite

a estação espacial
space station

a astronomia • astronomy

a constelação
constellation

o binóculo
binoculars

o telescópio
telescope

o tripé
tripod

a Terra • Earth

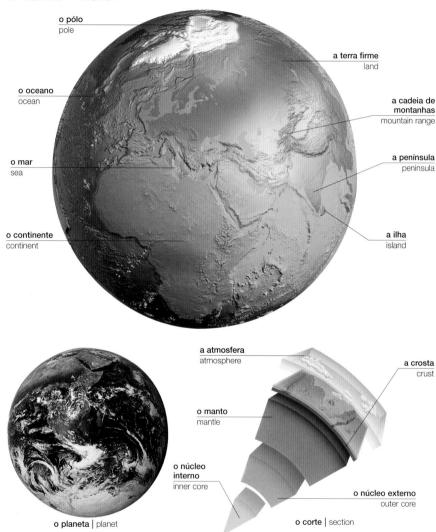

o pólo
pole

a terra firme
land

o oceano
ocean

a cadeia de montanhas
mountain range

o mar
sea

a península
peninsula

o continente
continent

a ilha
island

a atmosfera
atmosphere

a crosta
crust

o manto
mantle

o núcleo interno
inner core

o núcleo externo
outer core

o planeta | planet

o corte | section

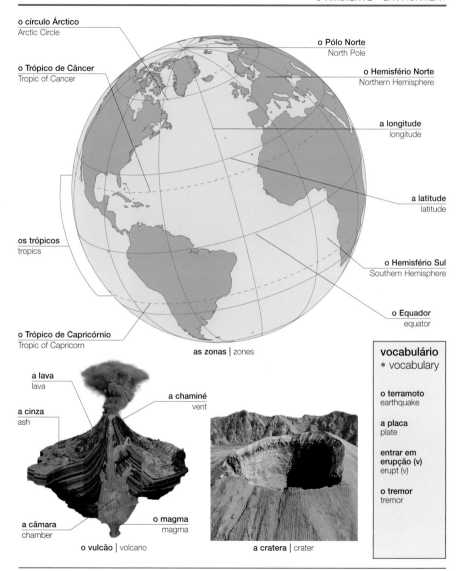

o círculo Árctico
Arctic Circle

o Pólo Norte
North Pole

o Trópico de Câncer
Tropic of Cancer

o Hemisfério Norte
Northern Hemisphere

a longitude
longitude

a latitude
latitude

os trópicos
tropics

o Hemisfério Sul
Southern Hemisphere

o Equador
equator

o Trópico de Capricórnio
Tropic of Capricorn

as zonas | zones

a lava
lava

a chaminé
vent

a cinza
ash

a câmara
chamber

o magma
magma

o vulcão | volcano

a cratera | crater

vocabulário
● vocabulary

o terramoto
earthquake

a placa
plate

entrar em erupção (v)
erupt (v)

o tremor
tremor

a paisagem • landscape

a montanha
mountain

a encosta
slope

a margem
bank

o rio
river

os rápidos
rapids

as rochas
rocks

o glaciar
glacier

o vale | valley

a colina
hill

o planalto
plateau

o desfiladeiro
gorge

a caverna
cave

a planície | plain

o deserto | desert

a floresta | forest

o bosque | wood

a floresta tropical
rainforest

o pântano
swamp

o prado
meadow

a pradaria
grassland

a queda de água
waterfall

o ribeiro
stream

o lago
lake

o géiser
geyser

a costa
coast

o penhasco
cliff

o recife de coral
coral reef

o estuário
estuary

o tempo • weather

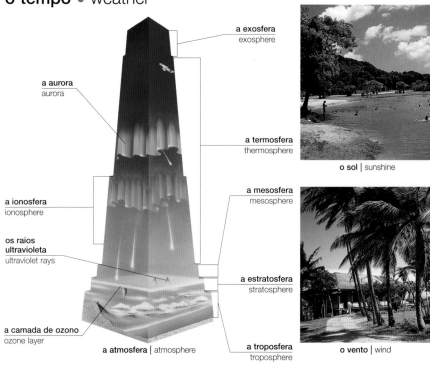

a exosfera
exosphere

a aurora
aurora

a termosfera
thermosphere

a ionosfera
ionosphere

a mesosfera
mesosphere

os raios ultravioleta
ultraviolet rays

a estratosfera
stratosphere

a camada de ozono
ozone layer

a atmosfera | atmosphere

a troposfera
troposphere

o sol | sunshine

o vento | wind

vocabulário • vocabulary

a chuva com neve sleet	**o aguaceiro** shower	**muito quente** hot	**seco** dry	**ventoso** windy	**Tenho calor/frio.** I'm hot/cold.
o granizo hail	**soalheiro** sunny	**frio** cold	**chuvoso** wet	**o temporal** gale	**Está a chover.** It's raining.
o trovão thunder	**nublado** cloudy	**quente** warm	**húmido** humid	**a temperatura** temperature	**A temperatura é de... graus.** It's ... degrees.

a nuvem | cloud

a chuva | rain

o relâmpago
lightning

a tempestade | storm

a neblina | mist

o nevoeiro | fog

o arco-íris | rainbow

a neve | snow

a geada | frost

o sincelo
icicle

o gelo | ice

a vaga de frio | freeze

o furacão | hurricane

o tornado | tornado

a monção | monsoon

a inundação | flood

as rochas • rocks

ígneas • igneous

o granito
granite

a obsidiana
obsidian

o basalto
basalt

a pedra-pomes
pumice

sedimentares • sedimentary

o arenito
sandstone

a pedra calcária
limestone

o cré
chalk

a pederneira
flint

o conglomerado
conglomerate

o carvão
coal

metamórficas • metamorphic

a ardósia
slate

o xisto
schist

o gnaisse
gneiss

o mármore
marble

as pedras preciosas • gems

o rubi
ruby

a água-marinha
aquamarine

a ametista
amethyst

o diamante
diamond

o jade
jade

o azeviche
jet

a esmeralda
emerald

a opala
opal

a safira
sapphire

a pedra lunar
moonstone

a granada
garnet

o topázio
topaz

a turmalina
tourmaline

os minerais • minerals

o quartzo
quartz

a mica
mica

a pirite
sulphur

a hematite
hematite

a calcite
calcite

a malaquite
malachite

a turquesa
turquoise

o ónix
onyx

a ágata
agate

a grafite
graphite

os metais • metals

o ouro
gold

a prata
silver

a platina
platinum

o níquel
nickel

o ferro
iron

o cobre
copper

o estanho
tin

o alumínio
aluminium

o mercúrio
mercury

o zinco
zinc

os animais 1 • animals 1
os mamíferos • mammals

o coelho
rabbit

o hamster
hamster

o bigode
whiskers

o rato
mouse

a cauda
tail

a ratazana
rat

o ouriço
hedgehog

o esquilo
squirrel

o morcego
bat

o guaxinim
raccoon

a raposa
fox

o lobo
wolf

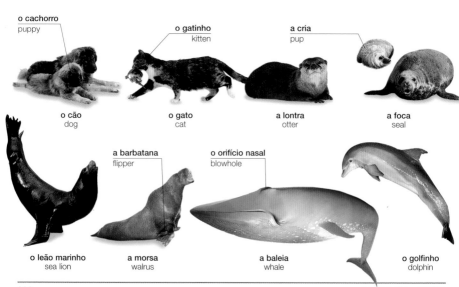

o cachorro
puppy

o gatinho
kitten

a cria
pup

o cão
dog

o gato
cat

a lontra
otter

a foca
seal

a barbatana
flipper

o orifício nasal
blowhole

o leão marinho
sea lion

a morsa
walrus

a baleia
whale

o golfinho
dolphin

o chifre
antler

a crina
mane

o casco
hoof

o veado
deer

a zebra
zebra

a girafa
giraffe

a corcova
hump

o dromedário
camel

a tromba
trunk

o dente
tusk

o corno
horn

o hipopótamo
hippopotamus

o elefante
elephant

o rinoceronte
rhinoceros

o tigre
tiger

a juba
mane

o leão
lion

o macaco
monkey

o gorila
gorilla

o koala
koala

a bolsa
pouch

o panda
panda

o canguru
kangaroo

o urso
bear

a garra
claw

o urso polar
polar bear

os animais 2 • animals 2
as aves • birds

a cauda
tail

o canário
canary

o pardal
sparrow

o colibri
hummingbird

a andorinha
swallow

o corvo
crow

o pombo
pigeon

o pica-pau
woodpecker

o falcão
falcon

o mocho
owl

a gaivota
gull

a águia
eagle

o pelicano
pelican

o flamingo
flamingo

a cegonha
stork

o grou
crane

o pinguim
penguin

a avestruz
ostrich

o ganso | goose

o cisne
swan

os répteis • reptiles

as escamas
scales

o jacaré
alligator

o pavão
peacock

o faisão
pheasant

o lagarto
lizard

a iguana
iguana

o peru
turkey

a carapaça
shell

a tartaruga marinha
turtle

a tartaruga terrestre
tortoise

o bico
bill

a pena
feather

a serpente
snake

a asa
wing

a catatua
cockatoo

a garra
claw

o focinho
snout

o papagaio
parrot

o crocodilo
crocodile

os animais 3 • animals 3
os anfíbios • amphibians

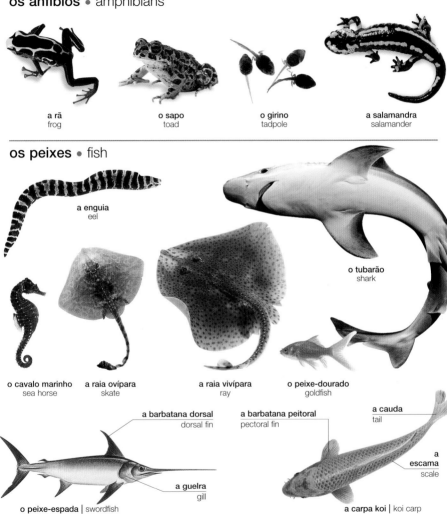

a rã
frog

o sapo
toad

o girino
tadpole

a salamandra
salamander

os peixes • fish

a enguia
eel

o tubarão
shark

o cavalo marinho
sea horse

a raia ovípara
skate

a raia vivípara
ray

o peixe-dourado
goldfish

a barbatana dorsal
dorsal fin

a barbatana peitoral
pectoral fin

a cauda
tail

a guelra
gill

a escama
scale

o peixe-espada | swordfish

a carpa koi | koi carp

os invertebrados • invertebrates

a formiga
ant

a térmite
termite

a abelha
bee

a vespa
wasp

o escaravelho
beetle

a barata
cockroach

a mariposa
moth

 a antena
antenna

a borboleta
butterfly

o casulo
cocoon

a lagarta
caterpillar

o grilo
cricket

o gafanhoto
grasshopper

o louva-a-deus
praying mantis

 a picada
sting

a centopeia
centipede

a libelinha
dragonfly

a mosca
fly

o mosquito
mosquito

a joaninha
ladybird

a aranha
spider

a lesma
slug

o caracol
snail

a minhoca
worm

a estrela-do-mar
starfish

o mexilhão
mussel

o caranguejo
crab

homar
lobster

o polvo
octopus

a lula
squid

a alforreca
jellyfish

as plantas • plants

a árvore • tree

o ramo
branch

a folha
leaf

o raminho
twig

o salgueiro
willow

a casca
bark

a raiz
root

o tronco
trunk

o carvalho
oak

o álamo
poplar

o eucalipto
eucalyptus

o larício
larch

a faia
beech

a bétula
birch

o pinheiro
pine

o cedro
cedar

o ácer
maple

o olmo
elm

a tília
lime

a baga
berry

o azevinho
holly

a palmeira
palm

a planta de flor • flowering plant

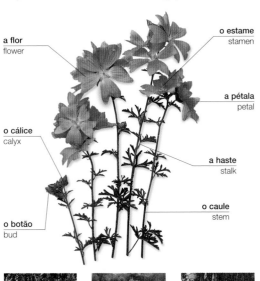

a flor
flower

o estame
stamen

a pétala
petal

o cálice
calyx

a haste
stalk

o caule
stem

o botão
bud

o rainúnculo
amarelo
buttercup

a margarida
daisy

o cardo
thistle

o dente-de-leão
dandelion

a urze
heather

a papoila
poppy

a dedaleira
foxglove

a madressilva
honeysuckle

o girassol
sunflower

o trevo
clover

as campainhas
bluebells

a prímula
primrose

os lupinos
lupins

a urtiga
nettle

a cidade • city

a rua
street

a berma do passeio
kerb

a esquina
street corner

a loja
shop

o cruzamento
intersection

a rua de sentido único
one-way system

o passeio
pavement

o edifício de escritórios
office block

o prédio de habitação
apartment block

o poste de iluminação
streetlight

o pegão
bollard

o sinal de trânsito
street sign

o parque de estaciona-mento
car park

a viela
alley

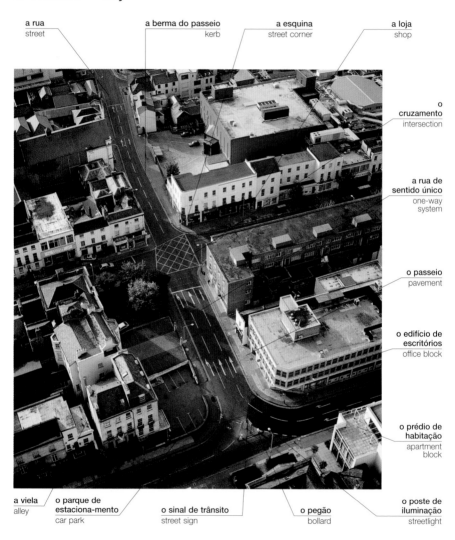

os edifícios • buildings

a câmara municipal
town hall

a biblioteca
library

o cinema
cinema

o teatro
theatre

a universidade
university

o arranha-céus
skyscraper

a escola
school

as zonas • areas

a zona industrial
industrial estate

a cidade
city

a periferia
suburb

a aldeia
village

---

vocabulário • vocabulary

a zona pedonal pedestrian zone	**a rua lateral** side street	**a porta de inspecção** manhole	**a sarjeta** gutter	**a igreja** church
a avenida avenue	**a praça** square	**a paragem de autocarro** bus stop	**a fábrica** factory	**o esgoto** drain

a arquitectura • architecture

os edifícios e as estruturas • buildings and structures

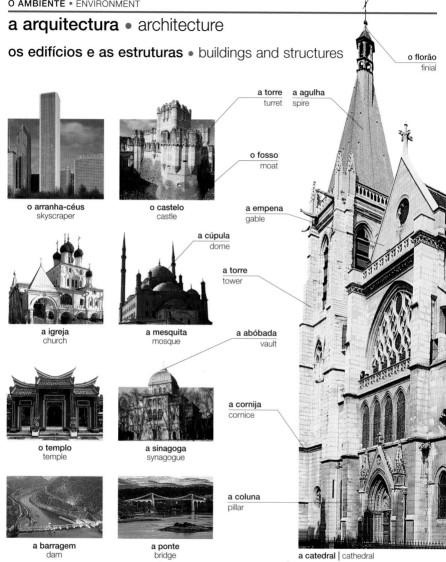

o florão
finial

a torre
turret

a agulha
spire

o fosso
moat

o arranha-céus
skyscraper

o castelo
castle

a empena
gable

a cúpula
dome

a torre
tower

a igreja
church

a mesquita
mosque

a abóbada
vault

o templo
temple

a sinagoga
synagogue

a cornija
cornice

a barragem
dam

a ponte
bridge

a coluna
pillar

a catedral | cathedral

os estilos • styles

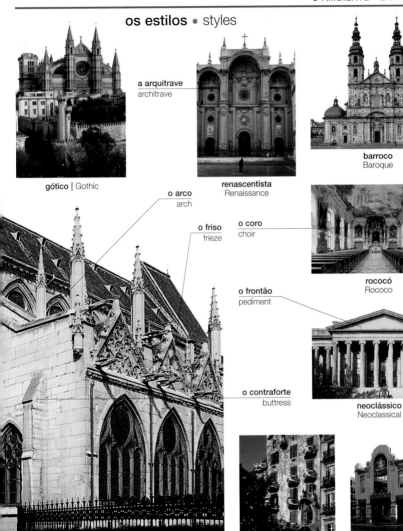

gótico | Gothic

a arquitrave
architrave

renascentista
Renaissance

barroco
Baroque

o arco
arch

o friso
frieze

o coro
choir

rococó
Rococo

o frontão
pediment

o contraforte
buttress

neoclássico
Neoclassical

arte nova
Art Nouveau

arte deco
Art Deco

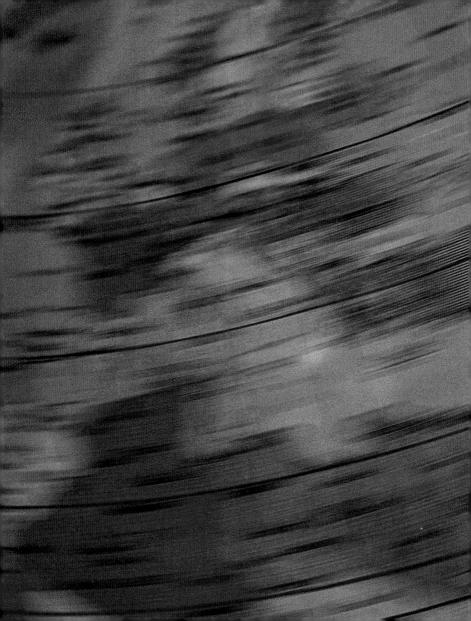

referência
reference

as horas • time

o ponteiro dos minutos
minute hand

o ponteiro das horas
hour hand

o relógio
clock

vocabulário • vocabulary

o segundo	agora	um quarto de hora
second	now	a quarter of an hour
o minuto	mais tarde	vinte minutos
minute	later	twenty minutes
a hora	meia hora	quarenta minutos
hour	half an hour	forty minutes

Que horas são?
What time is it?

São três horas.
It's three o'clock.

uma e cinco
five past one

uma e dez
ten past one

uma e um quarto
quarter past one

uma e vinte
twenty past one

o ponteiro dos segundos
second hand

uma e vinte e cinco
twenty five past one

uma e meia
one thirty

vinte e cinco para as duas
twenty five to two

vinte para as duas
twenty to two

um quarto para as duas
quarter to two

dez para as duas
ten to two

cinco para as duas
five to two

duas horas
two o'clock

a noite e o dia • night and day

a meia-noite
midnight

o nascer do sol
sunrise

a aurora
dawn

a manhã
morning

o pôr-do-sol
sunset

o meio-dia
midday

o anoitecer
dusk

a noite
evening

a tarde
afternoon

vocabulário • vocabulary

cedo early	**Chegaste cedo.** You're early.	**Por favor não te atrases.** Please be on time.	**A que horas termina?** What time does it finish?
a horas on time	**Estás atrasado.** You're late.	**Até logo.** I'll see you later.	**Está a ficar tarde.** It's getting late.
atrasado late	**Chegarei daqui a pouco.** I'll be there soon.	**A que horas começa?** What time does it start?	**Quanto tempo vai durar?** How long will it last?

o calendário • calendar

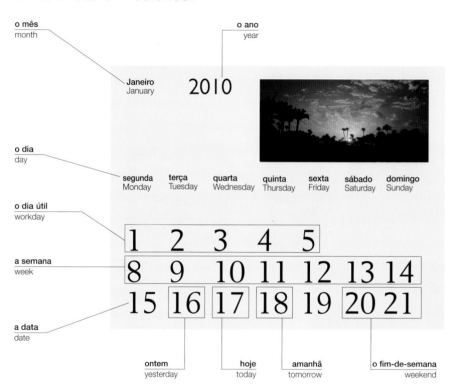

o mês
month

o ano
year

Janeiro
January

2010

o dia
day

segunda	terça	quarta	quinta	sexta	sábado	domingo
Monday	Tuesday	Wednesday	Thursday	Friday	Saturday	Sunday

o dia útil
workday

a semana
week

a data
date

1	2	3	4	5		
8	9	10	11	12	13	14
15	16	17	18	19	20	21

ontem
yesterday

hoje
today

amanhã
tomorrow

o fim-de-semana
weekend

vocabulário • vocabulary

Janeiro January	**Março** March	**Maio** May	**Julho** July	**Setembro** September	**Novembro** November
Fevereiro February	**Abril** April	**Junho** June	**Agosto** August	**Outubro** October	**Dezembro** December

os anos • years

1900 **mil e novecentos** • nineteen hundred

1901 **mil novecentos e um** • nineteen hundred and one

1910 **mil novecentos e dez** • nineteen ten

2000 **dois mil** • two thousand

2001 **dois mil e um** • two thousand and one

as estações • seasons

a primavera
spring

o verão
summer

o outono
autumn

o inverno
winter

vocabulário • vocabulary

o século
century

a década
decade

o milénio
millennium

a quinzena
fortnight

esta semana
this week

na semana passada
last week

na próxima semana
next week

anteontem
the day before yesterday

depois de amanhã
the day after tomorrow

semanal
weekly

mensal
monthly

anual
annual

Que dia é hoje?
What's the date today?

É o dia sete de Fevereiro de dois mil e desasete.
It's February seventh, two thousand and seventeen.

os números • numbers

0	**zero** • zero
1	**um** • one
2	**dois** • two
3	**três** • three
4	**quatro** • four
5	**cinco** • five
6	**seis** • six
7	**sete** • seven
8	**oito** • eight
9	**nove** • nine
10	**dez** • ten
11	**onze** • eleven
12	**doze** • twelve
13	**treze** • thirteen
14	**catorze** • fourteen
15	**quinze** • fifteen
16	**dezasseis** • sixteen
17	**dezassete** • seventeen
18	**dezoito** • eighteen
19	**dezanove** • nineteen

20	**vinte** • twenty
21	**vinte e um** • twenty-one
22	**vinte e dois** • twenty-two
30	**trinta** • thirty
40	**quarenta** • forty
50	**cinquenta** • fifty
60	**sessenta** • sixty
70	**setenta** • seventy
80	**oitenta** • eighty
90	**noventa** • ninety
100	**cem** • one hundred
110	**cento e dez** • one hundred and ten
200	**duzentos** • two hundred
300	**trezentos** • three hundred
400	**quatrocentos** • four hundred
500	**quinhentos** • five hundred
600	**seiscentos** • six hundred
700	**setecentos** • seven hundred
800	**oitocentos** • eight hundred
900	**novecentos** • nine hundred

1,000 · **mil** • one thousand

10,000 · **dez mil** • ten thousand

20,000 · **vinte mil** • twenty thousand

50,000 · **cinquenta mil** • fifty thousand

55,500 · **cinquenta e cinco mil e quinhentos** • fifty-five thousand five hundred

100,000 · **cem mil** • one hundred thousand

1,000,000 · **um milhão** • one million

1,000,000,000 · **mil milhões** • one billion

primeiro
first

segundo
second

terceiro
third

quarto • fourth

quinto • fifth

sexto • sixth

sétimo • seventh

oitavo • eighth

nono • ninth

décimo • tenth

décimo primeiro • eleventh

décimo segundo • twelfth

décimo terceiro • thirteenth

décimo quarto • fourteenth

décimo quinto • fifteenth

décimo sexto •
sixteenth

décimo sétimo •
seventeenth

décimo oitavo •
eighteenth

décimo nono •
nineteenth

vigésimo •
twentieth

vigésimo primeiro •
twenty-first

vigésimo segundo •
twenty-second

vigésimo terceiro •
twenty-third

trigésimo •
thirtieth

quadragésimo •
fortieth

quinquagésimo •
fiftieth

sexagésimo •
sixtieth

septuagésimo •
seventieth

octogésimo •
eightieth

nonagésimo •
ninetieth

centésimo •
(one) hundredth

os pesos e as medidas • weights and measures

a área • area

o pé quadrado
square foot

o metro quadrado
square metre

a distância • distance

o quilómetro
kilometre

a milha
mile

o prato
pan

a libra
pound

a onça
ounce

o quilograma
kilogram

o grama
gram

a balança | scales

vocabulário • vocabulary

a jarda yard	**a tonelada** tonne	**medir (v)** measure (v)
o metro metre	**o miligrama** milligram	**pesar (v)** weigh (v)

o comprimento • length

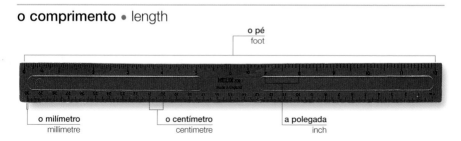

o pé
foot

o milímetro
millimetre

o centímetro
centimetre

a polegada
inch

a capacidade • capacity

o meio litro
half-litre

o pinto
pint

o volume
volume

o mililitro
millilitre

o jarro graduado
measuring jug

a medida para líquidos
liquid measure

vocabulário •
vocabulary

o galão
gallon

o quarto de galão
quart

o litro
litre

o recipiente • container

o pacote
carton

o pacote
packet

a garrafa
bottle

o saco
bag

a caixa
tub

o boião
jar

a lata
can

a lata
tin

o pulverizador
liquid dispenser

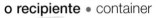

a barra
bar

o tubo
tube

o rolo
roll

o maço
pack

o spray
spray can

o mapa do mundo • world map

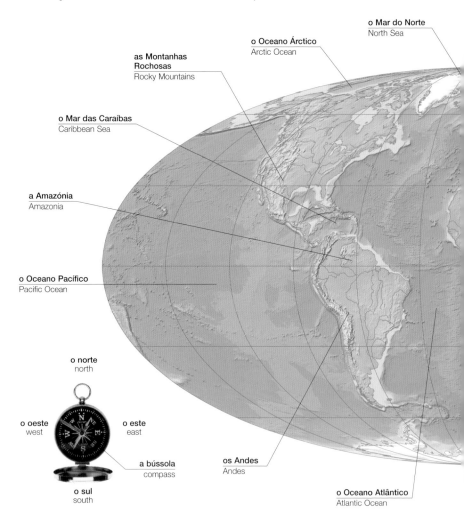

o Mar do Norte
North Sea

o Oceano Árctico
Arctic Ocean

as Montanhas
Rochosas
Rocky Mountains

o Mar das Caraíbas
Caribbean Sea

a Amazónia
Amazonia

o Oceano Pacífico
Pacific Ocean

o norte
north

o oeste
west

o este
east

a bússola
compass

os Andes
Andes

o Oceano Atlântico
Atlantic Ocean

o sul
south

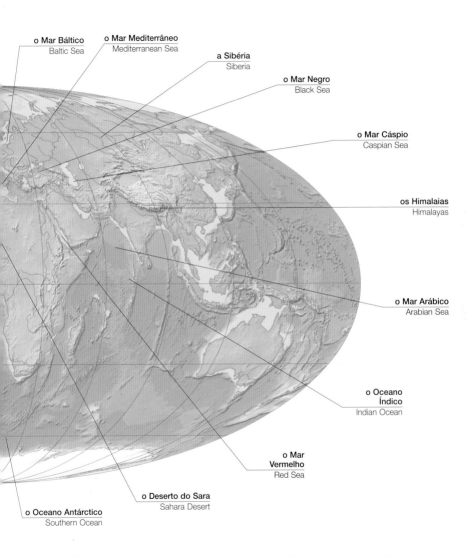

o Mar Báltico
Baltic Sea

o Mar Mediterrâneo
Mediterranean Sea

a Sibéria
Siberia

o Mar Negro
Black Sea

o Mar Cáspio
Caspian Sea

os Himalaias
Himalayas

o Mar Arábico
Arabian Sea

o Oceano
Índico
Indian Ocean

o Mar
Vermelho
Red Sea

o Deserto do Sara
Sahara Desert

o Oceano Antárctico
Southern Ocean

América do Norte e Central •
North and Central America

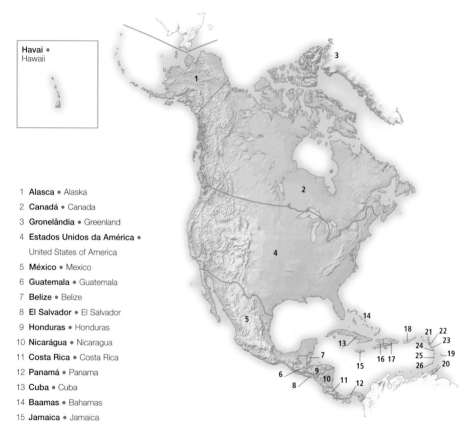

Havai •
Hawaii

1 **Alasca** • Alaska

2 **Canadá** • Canada

3 **Gronelândia** • Greenland

4 **Estados Unidos da América** •
United States of America

5 **México** • Mexico

6 **Guatemala** • Guatemala

7 **Belize** • Belize

8 **El Salvador** • El Salvador

9 **Honduras** • Honduras

10 **Nicarágua** • Nicaragua

11 **Costa Rica** • Costa Rica

12 **Panamá** • Panama

13 **Cuba** • Cuba

14 **Baamas** • Bahamas

15 **Jamaica** • Jamaica

16 **Haiti** • Haiti

17 **República Dominicana** • Dominican Republic

18 **Porto Rico** • Puerto Rico

19 **Barbados** • Barbados

20 **Trindade e Tobago** • Trinidad and Tobago

21 **St. Kitts e Nevis** • St. Kitts and Nevis

22 **Antígua e Barbuda** • Antigua and Barbuda

23 **Domínica** • Dominica

24 **Santa Lúcia** • St Lucia

25 **São Vicente e Granadinas** •
St Vincent and The Grenadines

26 **Granada** • Grenada

América do Sul • South America

1 **Venezuela** • Venezuela

2 **Colômbia** • Colombia

3 **Equador** • Ecuador

4 **Peru** • Peru

5 **Ilhas Galápagos** • Galápagos Islands

6 **Guiana** • Guyana

7 **Suriname** • Suriname

8 **Guiana Francesa** • French Guiana

9 **Brasil** • Brazil

10 **Bolívia** • Bolivia

11 **Chile** • Chile

12 **Argentina** • Argentina

13 **Paraguai** • Paraguay

14 **Uruguai** • Uruguay

15 **Ilhas Malvinas** • Falkland Islands

vocabulário • vocabulary

o país country	a província province	a zona zone
a nação nation	o território territory	o distrito district
o estado state	a colónia colony	a região region
o continente continent	o principado principality	a capital capital

Europa • Europe

1 **Irlanda** • Ireland

2 **Reino Unido** • United Kingdom

3 **Portugal** • Portugal

4 **Espanha** • Spain

5 **Ilhas Baleares** • Balearic Islands

6 **Andorra** • Andorra

7 **França** • France

8 **Bélgica** • Belgium

9 **Países Baixos** • Netherlands

10 **Luxemburgo** • Luxembourg

11 **Alemanha** • Germany

12 **Dinamarca** • Denmark

13 **Noruega** • Norway

14 **Suécia** • Sweden

15 **Finlândia** • Finland

16 **Estónia** • Estonia

17 **Látvia** • Latvia

18 **Lituânia** • Lithuania

19 **Kaliningrado** • Kaliningrad

20 **Polónia** • Poland

21 **República Checa** • Czech Republic

22 **Áustria** • Austria

23 **Liechtenstein** • Liechtenstein

24 **Suíça** • Switzerland

25 **Itália** • Italy

26 **Mónaco** • Monaco

27 **Córsega** • Corsica

28 **Sardenha** • Sardinia

29 **São Marinho** • San Marino

30 **Cidade do Vaticano** • Vatican City

31 **Sicília** • Sicily

32 **Malta** • Malta

33 **Eslovénia** • Slovenia

34 **Croácia** • Croatia

35 **Hungria** • Hungary

36 **Eslováquia** • Slovakia

37 **Ucrânia** • Ukraine

38 **Bielorrússia** • Belarus

39 **Moldávia** • Moldova

40 **Roménia** • Romania

41 **Sérvia** • Serbia

42 **Bósnia-Herzegovina** • Bosnia and Herzegovina

43 **Albânia** • Albania

44 **Macedónia** • Macedonia

45 **Bulgária** • Bulgaria

46 **Grécia** • Greece

47 **Kosovo** • Kosovo

48 **Montenegro** • Montenegro

49 **Islândia** • Iceland

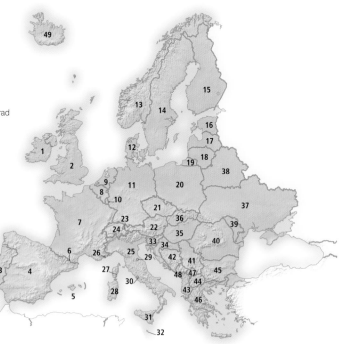

África • Africa

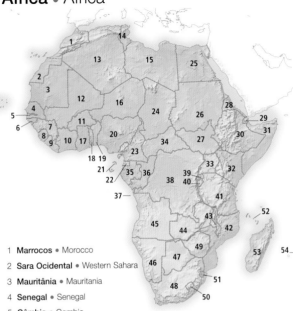

32 **Quénia** • Kenya

33 **Uganda** • Uganda

34 **República Centro-Africana** • Central African Republic

35 **Gabão** • Gabon

36 **Congo** • Congo

37 **Cabinda** • Cabinda

38 **República Democrática do Congo** • Democratic Republic of the Congo

39 **Ruanda** • Rwanda

40 **Burundi** • Burundi

41 **Tanzânia** • Tanzania

42 **Moçambique** • Mozambique

43 **Malawi** • Malawi

44 **Zâmbia** • Zambia

45 **Angola** • Angola

46 **Namíbia** • Namibia

47 **Botsuana** • Botswana

48 **Zimbabwe** • Zimbabwe

49 **África do Sul** • South Africa

50 **Lesoto** • Lesotho

51 **Suazilândia** • Swaziland

52 **Comores** • Comoros

53 **Madagáscar** • Madagascar

54 **Maurícia** • Mauritius

1 **Marrocos** • Morocco

2 **Sara Ocidental** • Western Sahara

3 **Mauritânia** • Mauritania

4 **Senegal** • Senegal

5 **Gâmbia** • Gambia

6 **Guiné-Bissau** • Guinea-Bissau

7 **Guiné** • Guinea

8 **Serra Leoa** • Sierra Leone

9 **Libéria** • Liberia

10 **Costa do Marfim** • Ivory Coast

11 **Burquina Faso** • Burkina Faso

12 **Mali** • Mali

13 **Argélia** • Algeria

14 **Tunísia** • Tunisia

15 **Líbia** • Libya

16 **Níger** • Niger

17 **Gana** • Ghana

18 **Togo** • Togo

19 **Benim** • Benin

20 **Nigéria** • Nigeria

21 **São Tomé e Príncipe** • São Tomé and Príncipe

22 **Guiné Equatorial** • Equatorial Guinea

23 **Camarões** • Cameroon

24 **Chade** • Chad

25 **Egipto** • Egypt

26 **Sudão** • Sudan

27 **Sudão do Sul** • South Sudan

28 **Eritreia** • Eritrea

29 **Djibuti** • Djibouti

30 **Etiópia** • Ethiopia

31 **Somália** • Somalia

Ásia • Asia

1 **Turquia** • Turkey

2 **Chipre** • Cyprus

3 **Federação Russa** • Russian Federation

4 **Geórgia** • Georgia

5 **Arménia** • Armenia

6 **Azerbaijão** • Azerbaijan

7 **Irão** • Iran

8 **Iraque** • Iraq

9 **Síria** • Syria

10 **Líbano** • Lebanon

11 **Israel** • Israel

12 **Jordânia** • Jordan

13 **Arábia Saudita** • Saudi Arabia

14 **Kuwait** • Kuwait

15 **Barém** • Bahrain

16 **Qatar** • Qatar

17 **Emiratos Árabes Unidos** • United Arab Emirates

18 **Omã** • Oman

19 **Iémen** • Yemen

20 **Cazaquistão** • Kazakhstan

21 **Usbequistão** • Uzbekistan

22 **Turquemenistão** • Turkmenistan

23 **Afeganistão** • Afghanistan

24 **Tajiquistão** • Tajikistan

25 **Quirguistão** • Kyrgyzstan

26 **Paquistão** • Pakistan

27 **Índia** • India

28 **Maldivas** • Maldives

29 **Sri Lanka** • Sri Lanka

30 **China** • China

31 **Mongólia** • Mongolia

32 **Coreia do Norte** • North Korea

33 **Coreia do Sul** • South Korea

34 **Japão** • Japan

35 **Nepal** • Nepal

36 **Butão** • Bhutan

37 **Bangladeche** • Bangladesh

38 **Mianmar (Burma)** • Myanmar (Burma)

39 **Tailândia** • Thailand

40 **Laos** • Laos

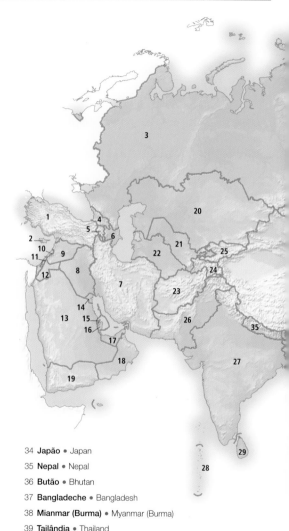

Australásia · Australasia

1 **Austrália** · Australia
2 **Tasmânia** · Tasmania
3 **Nova Zelândia** · New Zealand

41 **Vietname** · Vietnam
42 **Cambodja** · Cambodia
43 **Malásia** · Malaysia
44 **Singapura** · Singapore
45 **Indonésia** · Indonesia
46 **Brunei** · Brunei
47 **Filipinas** · Philippines
48 **Timor-Leste** · East Timor
49 **Papua-Nova Guiné** · Papua New Guinea
50 **Ilhas Salomão** · Solomon Islands
51 **Vanuatu** · Vanuatu
52 **Fiji** · Fiji

advérbios e antónimos • particles and antonyms

a, para to	**de** from	**para** for	**para, em direcção a** towards
em cima de over	**debaixo de** under	**ao longo de** along	**através de** across
em frente de in front of	**atrás de** behind	**com** with	**sem** without
sobre onto	**para dentro de** into	**antes** before	**depois de** after
em in	**fora** out	**por** by	**até** until
acima above	**por baixo, abaixo de** below	**cedo** early	**tarde** late
dentro inside	**fora** outside	**agora** now	**mais tarde** later
em cima, até up	**para baixo, em baixo** down	**sempre** always	**nunca** never
em at	**para além de** beyond	**frequentemente** often	**raramente** rarely
através de through	**cerca de** around	**ontem** yesterday	**amanhã** tomorrow
por cima on top of	**ao lado de** beside	**primeiro** first	**último** last
entre between	**em frente de** opposite	**cada** every	**alguns** some
perto near	**longe** far	**cerca de** about	**exactamente** exactly
aqui here	**ali** there	**um pouco** a little	**muito** a lot

grande large	**pequeno** small	**quente** hot	**frio** cold
largo wide	**estreito** narrow	**aberto** open	**fechado** closed
alto tall	**baixo** short	**cheio** full	**vazio** empty
alto high	**baixo** low	**novo** new	**velho** old
grosso thick	**fino** thin	**claro** light	**escuro** dark
leve light	**pesado** heavy	**fácil** easy	**difícil** difficult
duro hard	**mole** soft	**livre** free	**ocupado** occupied
húmido wet	**seco** dry	**forte** strong	**fraco** weak
bom good	**mau** bad	**gordo** fat	**magro** thin
rápido fast	**lento** slow	**jovem** young	**velho** old
certo correct	**errado** wrong	**melhor** better	**pior** worse
limpo clean	**sujo** dirty	**preto** black	**branco** white
bonito beautiful	**feio** ugly	**interessante** interesting	**aborrecido** boring
caro expensive	**barato** cheap	**doente** sick	**bem** well
silencioso quiet	**barulhento** noisy	**i nício** beginning	**fim** end

frases úteis • useful phrases

frases essenciais •
essential phrases

Sim
Yes

Não
No

Talvez
Maybe

Por favor
Please

Obrigado
Thank you

De nada
You're welcome

Com licença
Excuse me

Desculpe
I'm sorry

Não
Don't

OK
OK

Está bem
That's fine

Está certo
That's correct

Está mal/errado
That's wrong

saudações • greetings

Olá
Hello

Adeus
Goodbye

Bom dia
Good morning

Boa tarde
Good afternoon

Boa noite
Good evening

Boa noite
Good night

Como está?
How are you?

Chamo-me...
My name is …

Como se chama?
What is your name?

Como se chama ele/ela?
What is his/her name?

Apresento-lhe...
May I introduce …

Este/Esta é...
This is …

É um prazer conhecê-lo
Pleased to meet you

Até logo
See you later

sinais • signs

A informação turística
Tourist information

Entrada
Entrance

Saída
Exit

Saída de emergência
Emergency exit

Empurrar
Push

Perigo
Danger

Não fumar
No smoking

Avariado
Out of order

Horário de abertura
Opening times

Entrada livre
Free admission

Aberto todo o dia
Open all day

Preço reduzido
Reduced

Saldos
Sale

Bata antes de entrar
Knock before entering

Proibido pisar a relva
Keep off the grass

ajuda • help

Pode ajudar-me?
Can you help me?

Não compreendo
I don't understand

Não sei
I don't know

Fala inglês?
Do you speak English?

Eu falo inglês
I speak English

Por favor fale mais devagar
Please speak more slowly

Pode-me escrever isso, por favor?
Please write it down for me

Perdi...
I have lost …

indicações •
directions

Estou perdido
I am lost

Onde fica o/a...?
Where is the …?

Onde fica o/a... mais próximo/a?
Where is the nearest …?

Onde ficam as casas de banho?
Where are the toilets?

Como vou para...?
How do I get to …?

À direita
To the right

À esquerda
To the left

Sempre em frente
Straight ahead

A que distância fica o/a...?
How far is …?

os sinais de trânsito • road signs

Todos os sentidos
All directions

Atenção
Caution

Proibida a entrada
No entry

Diminuir a velocidade
Slow down

Desvio
Diversion

Circular pela direita
Keep to the right

Autoestrada
Motorway

Proibido estacionar
No parking

Estrada sem saída
No through road

Rua de sentido único
One-way street

Perda de sentido
Give way

Outras direcções
Other directions

Residentes apenas
Residents only

Obras na estrada
Roadworks

Curva perigosa
Dangerous bend

alojamento • accommodation

Tenho uma reserva
I have a reservation

Onde é a sala de refeições?
Where is the dining room?

A que horas é o pequeno-almoço?
What time is breakfast?

Voltarei às... horas
I'll be back at … o'clock

Vou embora amanhã
I'm leaving tomorrow

comida e bebida • eating and drinking

Saúde!
Cheers!

Está delicioso/horrível
It's delicious/awful

Não bebo/fumo
I don't drink/smoke

Não como carne
I don't eat meat

Não quero mais, obrigado
No more for me, thank you

Posso repetir?
May I have some more?

Pode trazer-nos a conta?
May we have the bill?

Pode dar-me um recibo?
Can I have a receipt?

Zona de fumadores
Smoking area

saúde • health

Não me sinto bem
I don't feel well

Tenho náuseas
I feel sick

Dói-me aqui
It hurts here

Tenho febre
I have a temperature

Estou grávida de... meses
I'm … months pregnant

Preciso de uma receita de...
I need a prescription for …

Normalmente tomo...
I normally take …

Sou alérgico a...
I'm allergic to …

Ele/ela vai ficar bem?
Will he/she be alright?

Índice português • Portuguese index

português

português

português • english

português

português

português

orifício nasal *m* 290
origami *m* 275
ornamental 87
ornitologia *f* 263
orquestra *f* 254, 256
orquídea *f* 111
ortopedia *f* 49
osso *m* 17, 119
osteopatia *f* 54
ostra *f* 121
otorrinolaringologia *f* 49
ouriço *m* 290
ouro 235
ouro *m* 289
ouros 273
outono *m* 31, 307
outras artes manuais 275
outras embarcações 215
outras lojas *f* 114
outros desportos 248
Outubro 306
oval *f* 164
ovário *m* 20
oveiro *m* 65, 137
ovelha *f* 185
ovo cozido *m* 137, 157
ovo de codorniz *m* 137
ovo de galinha *m* 137
ovo de gansa *m* 137
ovo de pata *m* 137
ovo estrelado *m* 157
ovos *m* 137
ovos mexidos *m* 157
ovulação *f* 20, 52
óvulo *m* 20

P

pá de lixo *f* 77
pá *f* 88, 187, 225, 265
pacote de chá *m* 144
pacote de leite *m* 136
pacote *m* 311
padaria *f* 107, 114, 138
padeiro *m* 139
padrasto *m* 23
pães e as farinhas *m* 138
pagamento *m* 96
pagar (*v*) 153
pai *m* 22
pais *m* 23
país *m* 315
paisagem *f* 284
Países Baixos 316
pala *f* 37
palato *m* 19
palco *m* 254
paleta *f* 274
palete *f* 186
palheta *f* 60
palhinha *f* 144, 154
palma da mão *f* 15
palmeira *f* 86, 296
palmitos *m* 122
pálpebra *f* 51
Panamá 314
pâncreas *m* 18

panda *m* 291
pandeireta *f* 257
pano de fundo *m* 254
pano do pó *m* 77
panquecas *f* 157
pântano *m* 285
pantufas *f* 31
pão branco *m* 139
pão com bicarbonato de
    soda *m* 139
pão com sementes *m* 139
pão de centeio *m* 138
pão de forma *m* 139
pão de fruta *m* 139
pão de milho *m* 139
pão escuro *m* 139, 149
pão fatiado *m* 138
pão fermentado *m* 139
pão granary *m* 139
pão integral *m* 139
pão *m* 157
pão naan *m* 139
pão pitta *m* 139
pão ralado *m* 139
pão sem levedura *m* 139
pão-de-ló *m* 140
pãozinho de leite *m* 139
pãozinho doce *m* 140
pãozinho *m* 139, 155
papagaio *m* 293
papaia *f* 128
papas de aveia *f* 157
papel com relevo *m* 83
papel de base *m* 83
papel de lixa *m* 81, 83
papel de parede *m* 82
papel mâché *m* 275
papel timbrado *m* 173
papel-cartão *m* 275
papoila *f* 297
paposseco *m* 143
Papua-Nova Guiné 319
Paquistão 318
par *m* 233
para 320
para além de 320
para baixo 320
para cima 320
para comer no
    estabelecimento 154
para dentro de 320
para levar 154
pára-brisas *m* 198, 205
pára-choques *m* 198
parafuso *m* 80
parafusos da roda *m* 203
paragem de autocarro
    f 299
paragem de autocarros
    f 197
paragem de táxis *f* 213
Paraguai 315
paralela 165
paralelas assimétricas
    f 235
paralelas *f* 235
paralelogramo *m* 164

paramédico *m* 94
parapente *m* 248
pára-quedas *m* 248
paraquedismo em queda
    livre *m* 248
paraquedismo *m* 248
parar 269
pardal *m* 292
parede *f* 58, 186
parentes *m* 23
pargo *m* 120
parmesão *m* 142
parque de campismo *m*
    266
parque de estacionamento
    m 298
parque de safari *m* 262
parque infantil *m* 263
parque *m* 75, 262
parque nacional *m* 261
parque temático *m* 262
parquímetro *m* 195
parte pouco profunda
    f 239
parte profunda *f* 239
parteira *f* 53
participar(*v*) 174
partida *f* 230
partidas *f* 213
partitura *f* 255, 256
parto *m* 52, 53
parto assistido *m* 53
parto distócico *m* 52
Páscoa *f* 27
Páscoa judia *f* 27
passa de Corinto *f* 129
passa *f* 129
passadeira *f* 250
passador *m* 68
passageiro diário *m* 208
passageiro *m* 216
passagem de peões *f* 195
passagem subterrânea
    f 194
passaporte *m* 213
passar (*v*) 220, 221, 223
passar um pano (*v*) 77
passe *m* 226
passeio a cavalo *m* 243
passeio *m* 75, 298
passeio marítimo *m* 265
passo *m* 243
pasta a receber 177
pasta de dentes *f* 72
pasta *f* 37, 177
pasta suspensa *f* 173
pastagem *f* 182
pastéis *m* 274
pastelaria *f* 69
pasteurizado 137
pastilha elástica *f* 113
pastilha para a garganta
    f 109
pastinaga *f* 125
patamar *m* 59
pâté *m* 142, 156
patilha de apoio *f* 207

patilha *f* 276
patilhão *m* 241
patim de gelo *m* 224
patim *m* 247
patinagem *f* 249, 263
patinagem artística *f* 247
patinagem de velocidade
    f 247
patinagem em linha 249
patinagem no gelo *f* 247
patinar (*v*) 224
patinho *m* 185
pátio ajardinado *m* 84
pátio da quinta *m* 182
pátio *m* 58, 84
pato *m* 119, 185
patologia *f* 49
paulito *m* 249
paus 273
paus de canela *m* 133
pausa *f* 256, 269
pauta *f* 256
pavão *m* 293
pavê *m* 141
pavimento *m* 85
pé da coluna *m* 268
pé *m* 12, 15, 111, 310
pé quadrado *m* 310
peão *m* 272
peça de carne *f* 119
peça exposta *f* 261
peça *f* 254, 272
pedal dos travões *m* 205
pedal *m* 61, 206, 257
pedalar (*v*) 207
pederneira *f* 288
pedestrianismo *m* 263
pediatria *f* 49
pedicura *f* 41
pedir (*v*) 153
pedir emprestado (*v*) 168
pedra calcária *f* 288
pedra de amolar *f* 81
pedra *f* 36, 275
pedra lunar *f* 288
pedra-pomes *f* 73, 288
pedras preciosas *f* 288
pega *f* 88, 106
pegão *m* 298
peito do pé *m* 15
peito *m* 12, 119
peitoral *m* 16
peixaria *f* 114, 120
peixe e as batatas fritas
    m 155
peixe fumado *m* 143
peixe *m* 107, 120
peixe-dourado *m* 294
peixe-espada *m* 120, 294
peixeira *f* 188
peixes *m* 294
pelado 129
pelador *m* 68
pelar (*v*) 67
pele branca *f* 126
pele *f* 14, 41, 119
pelicano *m* 292

película *f* 271
pelo joelho 34
peluche *m* 75
pélvis *f* 17
pen 176
pena *f* 293
pendente *m* 36
peneirar (*v*) 92, 138
penhasco *m* 285
península *f* 282
pénis *m* 21
pensão completa *f* 101
penso higiénico *m* 108
penso rápido *m* 47
pentágono *m* 164
pente *m* 38
penteados *m* 39
pentear (*v*) 38
peónia *f* 111
pepino *m* 125
pepita de chocolate *f* 141
pepperoni *m* 142
pequena área *f* 223
pequeno 321
pequeno-almoço inglês
    m 157
pequeno-almoço *m* 64,
    156
pêra *f* 126
percentagem *f* 165
perdedor *m* 273
perder (*v*) 273
perfumado 130
perfumaria *f* 105
perfume *m* 41
perfurador *m* 173
pérgola *f* 84
pergunta *f* 163
perguntar (*v*) 163
periferia *f* 299
perigo *m* 195
periódico especializado
    m 168
periódico *m* 168
permanente 39
perna *f* 12, 64, 119
pernada *f* 239
perneiras *f* 31
perónio *m* 17
perpendicular 165
perseguir (*v*) 229
perto 320
Peru 315
peru *m* 119, 185, 293
pés da cama *m* 71
pesado 321
pesar (*v*) 310
pesca com arpão *f* 245
pesca com mosca *f* 245
pesca de alto mar *f* 245
pesca desportiva *f* 245
pesca em água doce *f*
    245
pesca *f* 244
pesca marítima *f* 245
pesca surfcasting *f* 245
pescador à linha *m* 244

português

saco de viagem *m* 37
saco do bebé *m* 75
saco do correio *m* 98, 190
saco *m* 311
saco para a relva *m* 88
saco plástico *m* 122
safira *f* 288
saia *f* 30, 34
saída de emergência *f* 95, 210
saída *f* 61, 194, 210
sal *m* 64, 152
sala de aula *f* 162
sala de embarque *f* 213
sala de espera *f* 45
sala de estar *f* 62
sala de jantar *f* 64
sala de leitura *f* 168
sala de operações *f* 48
sala de reuniões *f* 174
sala de urgências *f* 48
sala do tribunal *f* 180
salada *f* 149
salada mista *f* 158
salada verde *f* 158
salamandra *f* 294
salame *m* 142
salário *m* 175
salgado 121, 129, 143, 155
salgueiro *m* 296
salmão *m* 120
salmonete *m* 120
salsa *f* 133
salsicha *f* 155, 157
salsichas *f* 118
saltar *(v)* 227
saltar à corda *(v)* 251
saltear *(v)* 67
salto à vara *m* 234
salto de cavalo *m* 235
salto em altura *m* 235
salto em comprimento *m* 235
salto *m* 37, 243, 247
salto mortal *m* 235
salva *f* 133
salva-vidas *m* 239, 265
salvo *f* 228
sandália *f* 37
sandálias *f* 31
sanduíche aberta *f* 155
sanduíche club *f* 155
sanduíche *f* 155
sanduíche torrada *f* 149
sangramento do nariz *m* 44
sanita *f* 61, 72
Santa Lúcia 314
São Marinho 316
São Tomé e Príncipe 317
São Vicente e Granadinas 314
sapataria *f* 114
sapato de atacador *m* 37
sapato de cunha *m* 37
sapato de golfe *m* 233

sapato de homem *m* 37
sapatos de cabedal *m* 32
sapatos *m* 34, 37
sapo *m* 294
sapto da relva *m* 37
Sara Ocidental 317
sarampo *m* 44
sarda *f* 15
Sardenha 316
sardinha *f* 120
sarjeta *f* 299
satélite *m* 281
satsuma *f* 126
Saturno 280
saúde *f* 43
sauna *f* 250
scanner *m* 106, 176
scrabble *m* 272
sebe *f* 85, 90, 182
seca 41
secador *m* 38
secar *(v)* 76
secar com o secador *(v)* 38
secção de bagagens *f* 104
secção de criança *f* 104
secção de sapataria *f* 104
seco 39, 130, 145, 286, 321
secretária *f* 17, 162, 168
século *m* 307
seda *f* 277
sedativo *m* 109
sede *f* 175
sedimentares 288
segunda-feira 306
segundo 309
segundo andar *m* 104
segundo balcão *m* 254
segundo *m* 304
segurança *f* 75, 212, 240
seguro *m* 203
seio nasal *m* 19
seis 308
seiscentos 308
sela de senhora *f* 242
sela *f* 242
selector de ponto *m* 276
selim *m* 206
selo *m* 98
selos *m* 112
sem 320
sem alças 34
sem chumbo 199
sem espinhas 121
sem gás 144
sem gelo 151
sem gordura 137
sem grainhas 127
sem mangas 34
sem pele 121
sem sal 137
semáforo *m* 194
semana *f* 306
semanal 307
semear *(v)* 90, 183
semente de abóbora *f* 131

semente de girassol *f* 131
semente de mostarda *f* 131
semente de sésamo *f* 131
semente *f* 122, 127, 130
sementes de funcho *f* 133
sementes de papoila *f* 138
sementes *f* 88, 131
sémola *f* 130
sempre 320
Senegal 317
senha 99
Senhor *m* 23
Senhora *f* 23
senhorio *m* 58
sensível 41
sentença *f* 181
sentido proibido 195
sentido único *m* 194
separador central *m* 194
separador *m* 173
septuagésimo 309
série televisiva *f* 178
seringa *f* 109, 167
serpente *f* 293
serra circular *f* 78
serra de metais *f* 81
serra de rodear *f* 81
serra de vaivém *f* 78
Serra Leoa 317
serra manual *f* 89
serrar *(v)* 79
serrote com costas *m* 81
serrote *m* 81
serviço de câmbio *m* 97
serviço de informações *m* 99
serviço de lavandaria *m* 101
serviço de limpeza *m* 101
serviço de quarto *m* 101
serviço incluído 152
serviço *m* 231
serviço não incluído 152
serviços *m* 93
serviços de atendimento ao cliente *m* 104
serviços de emergência *m* 94
serviços *m* 49, 101
servidor *m* 176
servir *(v)* 64, 231
sessenta 308
set *m* 230
setas *f* 273
sete 308
setecentos 308
Setembro 306
setenta 308
sétimo 309
sexagésimo 309
sexta-feira 306
sexto 309
shaker *m* 150
shiatsu *m* 54
Sibéria *f* 313
Sicília 316

sidra *f* 145
silenciador *m* 203, 204
silencioso 321
silo *m* 183
silte *m* 85
simples 151
sinagoga *f* 300
sinais de trânsito *m* 195
sinal de trânsito *m* 298
sinal luminoso *m* 240
sinal *m* 14, 104, 209
sincelo *m* 287
sinfonia *f* 256
Singapura 319
singulares *m* 230
sintético 31
sintonizar *(v)* 179
sintonizar o rádio *(v)* 269
sirene *f* 94
Síria 318
sistema *m* 176
sistema de comunicação pública *m* 209
sistema de navegação 195
sistema solar *m* 280
sistemas *m* 19
site da internet *m* 177
skate *m* 249
slalom gigante *m* 247
slalom *m* 247
smartphone 99, 176
smash *m* 231
snack-bar *m* 148
snooker *m* 249
snowboarding *m* 247
soalheiro 286
soalho *m* 58, 62, 71
sobrancelha *f* 14, 51
sobre 320
sobremesa *f* 153
sobrexposto 271
sobrinha *f* 23
sobrinho *m* 23
sobrolho franzido *m* 25
sócia *f* 24
soco *m* 237
sofá *m* 62
sofá-cama *m* 63
software *m* 176
sogra *f* 23
sogro *m* 23
Sol 280
sol *m* 286
sola do pé *f* 15
sola *f* 37
solda *f* 79, 81
soldado *m* 189
soldar *(v)* 79
soletrar *(v)* 162
solha-limão *f* 120
sólidos *m* 164
solo *m* 85
solução desinfectante *f* 51
solúvel 109
Somália 317
somar *(v)* 165

sombra de olhos *f* 40
sonata *f* 256
sonda *f* 50
sopa *f* 153, 158
soprar *(v)* 141
soro do leite *m* 137
soro *m* 53
sorriso *m* 25
sorvete *m* 141
sótão *m* 58
soufflé *m* 158
soutien de amamentação *m* 53
soutien de desporto 35
soutien *m* 35
spray *m* 109, 311
squash *m* 231
Sri Lanka 318
St. Kitts e Nevis 314
stencil *m* 83
streaming 269
stress *m* 55
Suazilândia 317
subexposto 271
subir *(v)* 139
submarino *m* 215
subsolo *m* 91
substituição *f* 223
subtrair *(v)* 165
Sudão 317
Suécia 316
Suíça 316
sujo 321
sul *m* 312
sulco *m* 183
sultana *f* 129
sumarento 127
sumo de ananás *m* 149
sumo de frutas *m* 156
sumo de laranja *m* 149
sumo de maçã *m* 149
sumo de tomate *m* 144, 149
sumo de uva *m* 144
sumo *m* 127
sumos e os batidos *m* 149
supermercado *m* 105, 106
suplemento *m* 55
suplente *m* 223
suporte de bagagem *m* 204
suporte do grampo *m* 166
suporte do selim *m* 206
suporte *m* 88, 166, 187, 205
suporte para bicicletas *m* 207
supositório *m* 109
surf *m* 241
surfista *m* 241
Suriname 315
surpreendido 25
suspeito *m* 94, 181
suspensão *f* 203, 205
suspirar *(v)* 25

português

português

Índice inglês • **English index**

english

english

english

english

english

english

salted 121, 129, 137, 143
San Marino 316
sand 85, 264
sand v 82
sandal 31, 37
sandcastle 265
sander 78
sandpaper 81, 83
sandpit 263
sandstone 288
sandwich 155
sandwich counter 143
sanitary towel 108
São Tomé and Principe 317
sapphire 288
sardine 120
Sardinia 316
sashimi 121
satellite 281
satellite dish 269
satellite navigation (satnav) 195, 201
satsuma 126
Saturday 306
Saturn 280
sauce 134, 143, 155
sauces and condiments 134
saucepan 69
Saudi Arabia 318
sauna 250
sausage 118, 155, 157
sauté v 67
save v 177, 223
savings 96
savings account 97
savoury 155
saw v 79
saxophone 257
scaffolding 186
scale 121, 256, 294
scales 45, 69, 98, 118, 166, 212, 293, 310
scallop 121
scalp 39
scalpel 81, 167
scan 48, 52
scanner 106, 176
scarecrow 184
scared 25
scarf 31, 36
schist 288
scholarship 169
school 162, 169, 299
school bag 162
school bus 196
schoolboy 162
schoolgirl 162
science 162, 166
science fiction film 255
scientist 190

scissors 38, 47, 82, 276
scoop 68, 149
scooter 205
score 220, 256, 273
score a goal v 223
scoreboard 225
scorpion 295
scotch and water 151
Scrabble 272
scrambled eggs 157
scrape v 77
scraper 82
screen 97, 176, 255, 269
screen wash 199
screen wash reservoir 202
screw 80
screwdriver 80
screwdriver bits 80
script 254
scrollbar 177
scrotum 21
scrub v 77
scrum 221
scuba diving 239
sculpting 275
sculptor 191
sea 264, 282
sea bass 120
sea bream 120
sea horse 294
sea lion 290
sea plane 211
seafood 121
seal 290
sealant 83
seam 34
seamstress 191
search v 177
seasonal 129
seasons 306
seat 61, 204, 209, 210, 242, 254
seat back 210
seat belt 198, 211
seat post 206
seating 254
secateurs 89
second 304, 309
second floor 104
second hand 304
second-hand shop 115
section 282
security 212
security bit 80
security guard 189
sedative 109
sedimentary 288
seed 122, 127, 130
seed tray 89
seeded bread 139
seedless 127
seedling 91

seeds 88, 131
seesaw 263
segment 126
self-defence 237
self-raising flour 139
self-tanning cream 41
semi-hard cheese 136
semi-skimmed milk 136
semi-soft cheese 136
semidetached 58
seminal vesicle 21
semolina 130
send v 177
send off 223
Senegal 317
sensitive 41
sentence 181
September 306
serve 231
serve v 64, 231
server 176
service included 152
service line 230
service not included 152
service provider 177
service vehicle 212
serving spoon 68
sesame seed 131
sesame seed oil 134
set 178, 230, 254
set v 38
set honey 134
set sail v 217
set square 165
set the alarm v 71
seven 308
seven hundred 308
seventeen 308
seventeenth 309
seventh 309
seventieth 309
seventy 308
sew v 277
sewing basket 276
sewing machine 276
sexually transmitted disease 20
shade 41
shade plant 87
shallot 125
shallow end 239
shampoo 38
shapes 164
share price 97
shares 97
shark 294
sharp 256
sharpening stone 81
shaving 73
shaving foam 73
shears 89

shed 84
sheep 185
sheep farm 183
sheep's milk 137
sheet 71, 74, 241
shelf 67, 106
shell 129, 137, 265, 293
shelled 129
shelves 66
sherry 145
shiatsu 54
shield 88
shin 12
ship 214
shipyard 217
shirt 33
shock 47
shocked 25
shoe department 104
shoe shop 114
shoes 34, 37
shoot v 223, 227
shop 114, 298
shop assistant 188
shopping 104
shopping bag 106
shopping centre 104
short 32, 321
short-grain 130
short sight 51
short wave 179
shorts 30, 33
shot 151
shotput 234
shoulder 13
shoulder bag 37
shoulder blade 17
shoulder pad 35
shoulder strap 37
shout v 25
shovel 187
shower 72, 286
shower block 266
shower curtain 72
shower door 72
shower gel 73
shower head 72
showjumping 243
shredder 172
shuffle v 273
shutoff valve 61
shutter 58
shutter release 270
shuttle bus 197
shuttlecock 231
shy 25
Siberia 313
Sicily 316
side 164
side effects 109
side order 153
side plate 65
side saddle 242
side street 299

sidedeck 240
sideline 220, 226, 230
Sierra Leone 317
sieve 68, 89
sieve v 91
sift v 138
sigh v 25
sightseeing 260
sign 104
signal 209
signature 96, 98
silencer 203, 204
silk 277
silo 183
silt 85
silver 235, 289
simmer v 67
Singapore 319
singer 191
single 151
single bed 71
single cream 137
single room 100
singles 230
sink 38, 61, 66
sinus 19
siren 94
sirloin steak 119
sister 22
sister-in-law 23
sit-up 251
site manager's office 266
six 308
six hundred 308
sixteen 308
sixteenth 309
sixth 309
sixtieth 309
sixty 308
skate 120, 247, 294
skate v 224
skate wings 120
skateboard 249
skateboarding 249, 263
skein 277
skeleton 17
sketch 275
sketch pad 275
skewer 68
ski 241, 246
ski boot 246
ski jacket 246
ski jump 247
ski pole 246
ski run 246
ski slope 246
skier 246
skiing 246
skimmed milk 136
skin 14, 119, 128
skin care 108
skinned 121

english

english

english

english

english

agradecimentos • acknowledgments

DORLING KINDERSLEY would like to thank Christine Lacey for design assistance, Georgina Garner for editorial and administrative help, Kopal Agarwal, Polly Boyd, Sonia Gavira, Cathy Meeus, Antara Raghavan, and Priyanka Sharma for editorial help, Claire Bowers for compiling the DK picture credits, Nishwan Rasool for picture research, and Suruchi Bhatia, Miguel Cunha, Mohit Sharma, and Alex Valizadeh for app development and creation.

The publisher would like to thank the following for their kind permission to reproduce their photographs:

Abbreviations key: (a-above; b-below/bottom; c-centre; f-far; l-left; r-right; t-top)

123RF.com: Andrey Popov / andreypopov 23bc; Andriy Popov 44bl; Brad Wynnyk 172bc; Daniel Ernst 179tc; Hongqi Zhang 24cla, 175cr; Ingvar Bjork 60c; Kobby Dagan 259c; leonardo255 269c; Liubov Vadimovna (Luba) Nel 39cla; Ljupco Smokovski 75crb; Oleksandr Marynchenko 60bl; Olga Popova 33c; oneblink 49bc; Robert Churchill 94c; Roman Gorielov 33bc; Ruslan Kudrin 35bc, 35br; Subbotina 39cra; Sutichak Yachaingkham 39tc; Tarzhanova 37tc; Vitaly Valua 39tl; Wavebreak Media Ltd 188bl; Wilawan Khasawong 75cb;

Action Plus: 224bc; **Alamy Images:** 154t; A.T. Willett 287bcl; Alex Segre 105ca, 195cl; Ambrophoto 24cra; Blend Images 168cr; Cultura RM 33r; Doug Houghton 107fbr; Hugh Threlfall 35tl; 176tr; Ian Allenden 48br; Ian Dagnall 270t; Levgen Chepil; Imagebroker 199tl, 249c; Keith Morris 178c; Martyn Evans 210b; MBI 175tl; Michael Burrell 213cra; Michael Foyle 184bl; Oleksiy Maksymenko 105tc; Paul Weston 168br; Prisma Bildagentur AG 246b; Radharc Images 197tr; RBtravel 112tl; Ruslan Kudrin 176tl; Sasa Huzjak 258t; Sergey Kravchenko 37ca; Sergio Azenha 270bc; Stanca Sanda (iPad is a trademark of Apple Inc., registered in the U.S. and other countries) 176bc; Stock Connection 287bcr; tarczas 35cr; Vitaly Suprun 176cl; Wavebreak Media ltd 39cl, 174b, 175tr; **Allsport/Getty Images:** 238cl; **Alvey and Towers:** 209 acr, 215bcl, 215bcr, 241cr; **Peter Anderson:** 188cbr, 271br. **Anthony Blake Photo Library:** Charlie Stebbings 114cl; John Sims 114tcl; **Andyalte:** 98tl; **Arcaid:** John Edward Linden 301bl; Martine Hamilton Knight, Architects: Chapman Taylor Partners, 213cl; Richard Bryant 301br; **Argos:** 41tcl, 66cbl, 66cl, 66br, 66bcl, 69cl, 70bcl, 71t, 77tl, 269tc, 270tl; **Axiom:** Eitan Simanor 105bcr; Ian Cumming 104t; Vicki Couchman 148cr; **Beken Of Cowes Ltd:** 215cbc; **Bosch:** 76tcr, 76tc, 76tcl; **Camera Press:** 38tr, 256t, 257cr; Barry J. Holmes 148tr; Jane Hanger 159cr; Mary Germanou 259bc; **Corbis:** 38t; Anna Clopet 247tr; Ariel Skelley / Blend Images 52l; Bettmann 181tl, 181tr; Blue Jean Images 48bl; Bo Zauders 156t; Bob Rowan 152bl; Bob Winsett 247cbl; Brian Bailey

247br; Chris Rainer 247ctl; Craig Aurness 215bl; David H.Wells 249cbr; Dennis Marsico 274bl; Dimitri Lundt 236bc; Duomo 211tl; Gail Mooney 277cctr; George Lepp 248c; Gerald Nowak 239b; Gunter Marx 248cr; Jack Hollingsworth 231bl; Jacqui Hurst 277cbr; James L. Amos 247bl, 191ctr, 220bcr; Jan Butchofsky 277cbc; Johnathan Blair 243cr; Jose F. Poblete 191br; Jose Luis Pelaez.Inc 153tc; Karl Weatherly 220bl, 247tcr; Kelly Mooney Photography 259tl; Kevin Fleming 249bc; Kevin R. Morris 105tr, 243tl, 243tc; Kim Sayer 249tcr; Lynn Goldsmith 258t; Macduff Everton 231bcl; Mark Gibson 249bl; Mark L. Stephenson 249tcl; Michael Pole 115tr; Michael S. Yamashita 247tctcl; Mike King 247cbl; Neil Rabinowitz 214br; Pablo Corral 115bcl; Paul A. Sounders 169br, 249ctcl; Paul J. Sutton 224c, 224br; Phil Schermeister 227b, 248tr; R. W Jones 309; Richard Morrell 189bc; Rick Doyle 241ctr; Robert Holmes 97br, 277ctc; Roger Ressmeyer 169tr; Russ Schleipman 229; The Purcell Team 211ctr; Vince Streano 194t; McNamee 220br, 220bcl, 224bl; Wavebreak Media LTD 191bc; Yann Arhus-Bertrand 249tl; **Demetrio Carrasco / Dorling Kindersley (c) Herge / Les Editions Casterman:** 112ccl; **Dorling Kindersley:** Banbury Museum 35bc; Five Napkin Burger 152t; **Dixons:** 270cl, 270cr, 270bl, 270bcl, 270bcr, 270ccr; **Dreamstime.com:** Alexander Podshivalov 179tr, 191cr; Alexxl66 268tl; Andersastpheto 176tc; Andrey Popov 191bl; Arne9001 190tl; Chaoss 26c; Designsstock 269cl; Monkey Business Images 26clb; Paul Michael Hughes 162tr; Serghei Starus 190bc; **Education Photos:** John Walmsley 26tl; **Empics Ltd:** Adam Day 236br; Andy Heading 243c; Steve White 249cbc; **Getty Images:** 48cl, 94tr, 100t, 114bcr, 154bl, 287tr; George Doyle & Ciaran Griffin 22cr; David Leahy 162tl; Don Farrall / Digital Vision 176c; Ethan Miller 270bl; Inti St Clair 179bl; Liam Norris 188br; Sean Justice / Digital Vision 24br; **Dennis Gilbert:** 106tc; **Hulsta:** 70t; **Ideal Standard Ltd:** 72r; **The Image Bank/ Getty Images:** 58; **Impact Photos:** Eliza Armstrong 115cr; Philip Achache 246t; **The Interior Archive:** Henry Wilson, Alfie's Market 114bl; Luke White, Architect: David Mikhail, 181br; Simon Upton, Architect: Phillippe Starck, St Martins Lane Hotel 100bcr, 100br; **iStockphoto.com:** asterix0597 163tl; EdStock 190br; RichLegg 26bc; SorinVidis 27cr; **Jason Hawkes Aerial Photography:** 216t; **Dan Johnson:** 35r; **Kos Pictures Source:** 215cbl, 240tc, 240tr; David Williams 216b; **Lebrecht Collection:** Kate Mount 169bc; **MP Visual.com:** Mark Swallow 202t; **NASA:** 280cr, 280ccl, 281tl; **P&O Princess Cruises:** 214bl; **P A Photos:** 181br; **The Photographers' Library:** 186bl, 186bc, 186t; **Plain and Simple Kitchens:** 66t; **Powerstock Photolibrary:** 169tl, 256t, 287bc; **PunchStock:** Image Source 195tr; **Rail Images:** 208c, 208 cbl, 209cbr;

Red Consultancy: Odeon cinemas 257br; **Redferns:** 259br; Nigel Crane 259c; **Rex Features:** 106br, 259tc, 259tr, 259bl, 280b; Charles Ommaney 114tcr; J.F.F Whitehead 243cl; Patrick Barth 101tl; Patrick Frilet 189cbl; Scott Wiseman 287bl; **Royalty Free Images:** Getty Images/Eyewire 154bl; **Science & Society Picture Library:** Science Museum 202b; **Science Photo Library:** IBM Research 190cla; NASA 281cr; **SuperStock:** Ingram Publishing 62; Juanma Aparicio / age fotostock 172t; Nordic Photos 269tl; **Skyscan:** 168t, 182c, 298; Quick UK Ltd 212; **Sony:** 268bc; **Robert Streeter:** 154br; **Neil Sutherland:** 82tr, 83tl, 90t, 118c, 188ctr, 196tl, 196tr, 299cl, 299bl; **The Travel Library:** Stuart Black 264t; **Travelex:** 97cl; **Vauxhall:** Technik 198t, 199tl, 199tr, 199cl, 199ccr, 199tctcl, 199tctcr, 199cc, 199tc, 290; **View Pictures:** Dennis Gilbert, Architects: ACDP Consulting, 106t; Dennis Gilbert, Chris Wilkinson Architects, 209tr; Peter Cook, Architects: Nicholas Crimshaw and partners, 208t; **Betty Walton:** 185br; **Colin Walton:** 2, 4, 7, 9, 10, 28, 40l, 42, 56, 92, 95c, 99tl, 99tcl, 102, 116, 120t, 138t, 146, 150t, 160, 170, 191ctcl, 192, 218, 252, 260br, 260l, 261tr, 261c, 261cr, 271cbl, 271cbr, 271ctl, 278, 287br, 302.

DK PICTURE LIBRARY:

Akhil Bahkshi; Patrick Baldwin; Geoff Brightling; British Museum; John Bulmer; Andrew Butler; Joe Cornish; Brian Cosgrove; Andy Crawford and Kit Hougton; Philip Dowell; Alistair Duncan; Gables; Bob Gathany; Norman Hollands; Kew Gardens; Peter James Kindersley; Vladimir Kozlik; Sam Lloyd; London Northern Bus Company Ltd; Tracy Morgan; David Murray and Jules Selmes; Musée Vivant du Cheval, France; Museum of Broadcast Communications; Museum of Natural History; NASA; National History Museum; Norfolk Rural Life Museum; Stephen Oliver; RNLI; Royal Ballet School; Guy Ryecart; Science Museum; Neil Setchfield; Ross Simms and the Winchcombe Folk Police Museum; Singapore Symphony Orchestra; Smart Museum of Art; Tony Souter; Erik Svensson and Jeppe Wikstrom; Sam Tree of Keygrove Marketing Ltd; Barrie Watts; Alan Williams; Jerry Young.

Additional photography by Colin Walton.

Colin Walton would like to thank:

A&A News, Uckfield; Abbey Music, Tunbridge Wells; Arena Mens Clothing, Tunbridge Wells; Burrells of Tunbridge Wells; Gary at Di Marco's; Jeremy's Home Store, Tunbridge Wells; Noakes of Tunbridge Wells; Ottakar's, Tunbridge Wells; Selby's of Uckfield; Sevenoaks Sound and Vision; Westfield, Royal Victoria Place, Tunbridge Wells.

All other images © Dorling Kindersley
For further information see: www.dkimages.com

português • english